图 说 法 学

IMAGE INTERPRETATION

（彩图版）

青少年普及读物

丰富的知识宝藏
美妙的阅读之旅

蒋来用 高莉 著

TU SHUO FAXUE

图说法学

40多位法学名家，近200幅精美图片

168千字美文，故事娓娓道来

在轻松的阅读空间里，时时闪耀着思想与智慧的光辉

文化的力量和图画的色彩一起流淌

开始一段愉快的彩色读书之旅

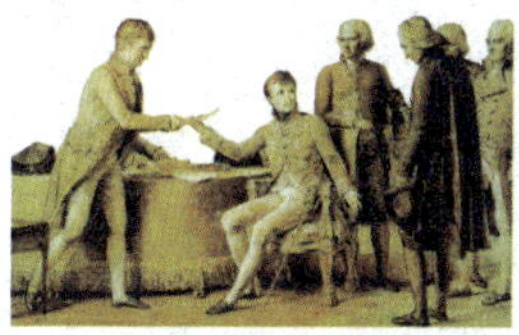

華文出版社
SINO-CULTURE PRESS

图书在版编目（CIP）数据

图说法学 / 蒋来用，高莉著 .—北京：华文出版社，2009.2（2020.4 重印）

ISBN 978-7-5075-2579-3

Ⅰ. 图… Ⅱ. ①蒋…②高… Ⅲ. 法学–通俗读物 Ⅳ. D90-49

中国版本图书馆 CIP 数据核字（2009）第 021394 号

图说法学

著　　者：蒋来用　高　莉
责任编辑：杜海泓
封面设计：君阅书装
文字编辑：黎　娜　左武超
美术编辑：杨玉萍
出版发行：华文出版社
地　　址：北京市西城区广外大街 305 号 8 区 2 号楼
邮政编码：100055
电　　话：总编室 010-58336239　发行部 010-58336267　58336230
　　　　　责任编辑 010-58336210
经　　销：新华书店
印　　刷：永清县晔盛亚胶印有限公司
开　　本：720mm × 1010mm　1/16
印　　张：13
字　　数：168 千字
版　　次：2009 年 2 月第 1 版
印　　次：2020 年 4 月第 4 次印刷
标准书号：ISBN 978-7-5075-2579-3
定　　价：32.90 元

前言

PREFACE

法学，亦称法律学、法律科学，是以法律为主要研究对象的学科。是随着法，特别是成文法的出现而出现，并随着法律的发展而发展。至近代，法学已发展成为一门体系庞大、门类众多、结构严密的学科。对法学的学习与熟悉，不但可以增长我们的知识，拓宽我们的眼界，更可以让我们从中了解到秩序的重要、平等的价值和自由的意义。无疑，法学已成为当代人一门必修的课程。

然而，法学学科体系庞大，结构复杂，内容丰富，学习起来有相当的困难。不要说普通人，就连那些一辈子钻研法学的专业人士，也不敢说自己对法学面面俱到、无所不通。鉴此，我们采取了更为直观的图文呈现手法，引入“图说”理念，推出《图说法学》一书。从法学发展

史中精选了60多个具有代表性的法学故事，按照时间和地域顺序编排，内容包括著名法学家的生平事迹、著名法律典籍的编纂和适用过程、轰动一时的经典案例的介绍和解析、现代通用的司法程序的起源和发展等。本书旨在带领读者领略法学历史发展的全貌，揭示故事背后的法律精神和法学原理，帮助读者更好更快地了解和认识法学。

全书采用图文结合的编排形式，深入浅出的文字配以近200张精美图片，立体地展现了法学历史上的重要事件，以及体现在这些事件中的法律知识，使读者在感受法学魅力的同时获得轻松愉悦的阅读享受。同时，增设法学小知识、法学家名言等辅助栏目，使全书形成一个较为完整的知识体系，增强了本书的科学性和知识性。极具艺术魅力的版式设计、科学简明的体例、丰富精美的图片和流畅生动的文字等多种视觉元素，很好地将知识与艺术融合在一起，使读者提高阅读效率和获得更多的文化视野、审美享受和想象空间。

从商鞅“徙木立信”的法制改革，到资产阶级民主的光辉旗帜《中华民国临时约法》；从为了坚守法律信仰甘愿饮鸩而死的苏格拉底，到号召所有人为保护自身权利而斗争的耶林；从将人投诸水火的野蛮愚昧的神判法，到民主科学的现代陪审和取证制度……本书将带领读者沿着法学发展的历史一路走来，沿途撷取故事中的精神之花、希望之花。

让我们现在就进入精彩的法学故事世界，去感受那份动人心魄的独特魅力吧！

目 录

CONTENTS

第一章 古代法学

第三章　近现代法学

第一章

古代法学

法不是从来就有的，而是人类社会发展到一定历史阶段才出现的社会现象。它是在原始社会逐渐解体的基础上，取代氏族社会世代相传的习惯而产生的。古代世界的各个文明古国在其漫长的发展过程中也建立起各自独特的法律体系，借以维护统治秩序和社会稳定。古代法学世界是名家辈出，异彩纷呈，为后人留下了珍贵的财富，也为我们讲述着一个个扣人心弦的故事……

刑起于兵

——中国法的起源

▲**皋陶像**

传说皋陶是中国上古时代最早的法律制定者，也是最早的法官。他秉公执法，维护了古代社会的稳定和发展。

法不是从来就有的，而是人类社会发展到一定历史阶段才出现的社会现象。它是在原始社会逐渐解体的基础上，取代氏族社会世代相传的习惯而产生的。

在中国，最早研究法的起源问题的是郭沫若。他在对殷代甲骨、金石器和古籍佚书进行系统研究的基础上，第一次把中国古代史放在整个人类历史的发展过程中进行研究。但法诞生于何年何月何日，郭老也没有给出一个明确的答案。至今有关中国法的起源仍是一些传说和故事。皋陶的故事就是关于中国法起源的最早的故事。从这个故事中我们可以知道，早在上古时代中国就有法了。

尧禅让给舜，舜任命皋陶为士官，此职位相当于后来的大理寺卿和现代的最高法院院长或司法部长。后来舜禅让给禹，但禹认为皋陶贤明、正直，想把部落联盟领袖的位子禅让给皋陶。可惜禹还没来得及禅位，皋陶就死了。皋陶凭何德何能可做禹的继承人呢？从以下皋陶与舜帝的对话中，我们可以窥见皋陶为部落人民生活的安定所做出的贡献。

皋陶主要生活在舜、禹时期。舜帝时期，华夏族与苗蛮族的战

罚弗及嗣，赏延于世。宥过无大，刑故无小。罪疑惟轻，功疑惟重。与其杀不辜，宁失不经。好生之德，洽于民心，兹用不犯于有司。

——皋陶

争接连不断，族内犯罪也频频发生，真可说是一个内忧外患的时代。舜对皋陶说：“皋陶啊，现在少数民族不断侵犯中原，抢劫的寇和杀人的贼内外并起，我任命你为士官，领导部落同苗蛮族作战和处理族内犯罪问题，你觉得如何？”

皋陶说：“我愿意为部族效劳，但鄙人才疏学浅，难以担当如此重任。”

舜说：“没有关系。只要你记住以下施法的原则和要求，就一定能把法官做好。对于应当处墨、劓、刖、宫、大辟五种刑罚的犯人，要各服其罪，但在执行刑罚的时候，要分不同的情况进行处理。犯轻罪的要在原野中处罚，犯较重罪的要在市朝处罚，而官吏犯罪要在部落大堂处罚，有知识的人犯罪要在闹市处罚。对判处墨、劓、刖、宫、大辟五种刑罚以下的人，应当宽大处理；而对不忍用刑、改为流放的犯人，根据远近，也要有所区别。严重犯罪的要流放到遥远的少数民族地区，犯较严重罪的流放到九州之外，一般犯罪的要流放到千里之外。只要你能明察秋毫，正确定罪量刑，就能使罪犯信服。你现在明白了吧？”

皋陶回答道：“那好吧，我就遵循这些原则尽职尽责地去做。”

皋陶果然没有辜负舜的期望，他在做大法官期间，用獬豸（一种神兽）帮助自己判案。只要皋陶遇到不能断的案子，他就把獬豸牵来，如果獬豸撞犯罪嫌疑人，就说明他有罪；如果獬豸不触碰犯罪嫌疑人，就说明他无罪。依靠这只獬豸，皋陶不枉不纵，不偏不

延伸阅读

皋陶

皋陶又名咎陶、咎繇，出生在僵，即现在的山东省曲阜一带，是传说中东夷族的领袖。皋陶生活在舜、禹两个部落联盟领袖执政时期，也即我国从原始社会向奴隶社会转变的时期，大约公元前21世纪左右。他是我国上古时代第一位有创见的法学家，是中国法官的鼻祖——最早的大法官，也是中国最早的一位司法部长。

知识点击

奴隶制五刑

指中国奴隶制时代长期存在的墨、劓、刖、宫、大辟五种常用刑。墨刑，又称黥刑，是在罪人面上或额头上刺字，再染上墨，是奴隶制五刑中最轻的一种。劓刑，即割去受刑人的鼻子。刖刑，又称剕刑，指砍去受刑人的手或足的重刑。砍足曰剕，砍手曰刖。另外，与砍手足相类似的还有砍去膝盖骨的膑刑。宫刑，是破坏受刑人生殖器官的残酷刑罚，对男性为去势，对女性为幽闭。大辟，是死刑的总称。

倚，严格执行各种法律，做到了罪、责、罚相当。在实施法律的过程中，皋陶还制定了许多行之有效的法规，用以惩治天下罪恶，使违法犯罪之人都被绳之以法，为整个部落的安定做出了杰出的贡献。

不仅如此，皋陶还总结出了一些实施法律的原则：刑罚不要牵连子孙，功赏要远及子孙后代。对于过失犯罪，即使罪很严重，也要从宽处理；而对于故意犯罪，即使罪行很小，也要严加处罚。罪行和刑罚的判定有疑点不能确定时，要从轻处罚；对功劳的奖赏有疑惑时，要从重行赏。为了不杀错人，宁可姑息犯人，由自己承担量刑不当的责任。作为执政与执法者，只要善用慎杀好生的德行教化、感化民心，那么天下人将以行善为风气，不去作恶犯法，最后也就用不着司法者去惩治了。皋陶在上古时期所倡导和实施的法律原则，不仅对4000余年来的我国奴隶社会、封建社会法律的发展产生了重大影响，而且对于今天的社会主义法制建设仍有重要的借鉴意义。

法最早产生于原始社会的后期，主要是因为氏族战争与法的起源有着极为密切的关系，中国自古以来就有“兵刑同一”和“刑始

▲獬豸是传说中的神兽，会用角顶撞有罪的人。后人将它视为公正的象征，印在官员的官服上。

古代文献关于法律起源学说及记载分类表

学说	文献记载
夏代说	1.《汉书·刑法志》：禹承尧舜之后，自以德衰，始制肉刑。 2.《左传》昭公六年：夏有乱政，而作禹刑。 3.《尚书大传·甫刑》：夏刑三千条。
尧舜时代说	1.《尚书·吕刑》：伯夷降典，折民惟刑。 2.《竹书纪年》：帝舜三年，命皋陶造律。 3.《淮南子·汜论训》：昔者神农无制令而民从，唐虞有制令而无刑罚。
黄帝时代说	1.《商君书·画策》：神农既没，以强胜弱，以众暴寡。故黄帝作为君臣上下之义，父子兄弟之礼，夫妇妃匹之合，内行刀锯，外用甲兵。 2.《管子·任法》：黄帝之治天下也，其民不引而来，不推而往，不使而成，不禁而止。故黄帝之治也，置法而不变，使民安其法者也。 3.《汉书·胡建传》：《黄帝李法》曰：壁垒已定，穿窬不由路，是谓奸人，奸人者杀。

于兵”的说法。所谓兵刑同一，是说在古人看来，战争与刑罚或刑法是一回事，二者在本质上相同。所谓刑始于兵，则是说法律起源于远古的氏族战争。皋陶的故事充分体现了这个理论。

首先，皋陶所在的时代正是华夏族和苗蛮族的大规模战争时期。战争是一种集体行为，为了取得胜利，需要有严明的纪律，需要制定严格的法律来约束每一个成员的行为。因此，制作刑罚或者刑法来规范战争行为成为形势所需。《汉书·胡建传》关于尧舜时有“皋陶作刑”的明确记载就充分证实了这一事实。

其次，上古时代的司法官名称也带有“兵刑同一”和“刑始于兵”的痕迹。上古的士，既是司法长官，又是军事长官。据《尚书·舜典》的记载，舜对皋陶说：“皋陶，蛮夷猾夏，寇贼奸宄，汝作士，五刑有服。”未加入华夏联盟的苗蛮族和东夷族侵乱华夏，这本是氏族间的战争，应该采取军事行动，而舜却命皋陶作士，运用五刑，讨伐外族，并惩罚内部犯罪。在这里，军事长官与司法长官合二为一，由皋陶担任，既反映了上古时代的兵刑同一，又反映了刑始于兵的事实。

总之，通过皋陶的故事，我们可以相信，中国法起源于上古时代。

姜诗之妻的委屈

——西周礼制中的“七出”与“三不去”

东汉时有个叫姜诗的人，他的妻子非常贤惠，料理家务井井有条，伺候婆婆也非常细心周到。婆婆喜欢喝长江的水，姜诗的妻子就不辞辛苦地每天走六七里路到江边挑水。有一次，她在路上遇到大风，没能及时赶回。婆婆口渴，便向姜诗抱怨。姜诗一怒之下，竟将其妻休弃。

妇人七出：不顺父母，为其逆德也；无子，为其绝世也；淫，为其乱族也；妒，为其乱家也；有恶疾，为其不可共粢盛也；口多言，为其离亲也；窃盗，为其反义也……妇有三不去，有所娶无所归，不去；与更三年丧，不去；前贫后富，不去。

——《大戴礼记·本命》

我们不由得为姜诗之妻抱不平，这么好的妻子怎么会被休弃？更让我们大惑不解的是，姜诗怎么能够说休妻就休妻，而其妻又为什么只能被动地接受，一点儿办法都没有？

关于休妻，姜诗完全可以在当时的法律中找到一个堂而皇之的理由：不顺父母。“不顺父母”是法定的七种可以休妻的情形之一，这七种情形只要符合其中任何一项，男方即可以不经任何程序，一封休书就将妻子逐出家门。

七种关于休妻的条件滥觞于周代的礼制。西周初年，成王年幼，由其叔父周公姬旦辅政。周公在平定周初的叛乱以后，为了维护周王室的统治，稳定社会秩序，以“亲亲”（亲近应该亲近的人，指按血缘关系确定亲疏长幼)、“尊尊”(尊重应该尊重的人，指按等级关系确定政治上的贵贱高低)为指导思想，对夏商以来所推行的维护奴隶主阶级利益的各种行为规范，特别是其中的礼仪制度进行加工改造、充实更新，制定了一整套完备而严谨的典章制度和礼节仪式，史称“周公制礼”。“礼”是奴隶制法律的重要组成部分，具备法的三个基本特征：规范性、国家意志性和强制性。“礼”与当时的“刑”互为表里，起着维护宗法等级秩序的作用。

在周公所制定的礼中，关于婚姻关系的解除有如下的规定:“不顺父母去，无子去，淫去，妒去，有恶疾去，多言去，窃盗去。”这就是所谓的“七出”，或称“七去”、“七弃”。此制度对后世影响极为深远，在中国历史上延续了2000多年。以后历朝的法律都规定有“七出”，除了在前后顺序和用语上略有差异外，基本内容都是一致的，没有超出周礼所规定的范围。

▼在夫权至上的古代中国，男子拥有一妻一妾是很常见的事。图中描绘的妻妾和睦共处的场景实际上是很少见的，这也是对夫权制的一种虚假的美化。

“七出”制度是宗法制度下夫权的典型反映。从其名称来看，本来是离婚，却要叫做“出”、“去”、“弃”，字面上就充溢着浓厚的夫权气息。离婚的主动权把持在丈夫或夫家之手，妇女完全处于被动的地位，没有离婚的自由。

从具体内容来看，“七出”的规定也是专横霸道的，表现出对妇女野蛮的钳制和压迫：

一、不顺父母。按古代的礼，媳妇要孝敬和绝对服从公婆，这是“内和理”的前提，也是“家长久”的保障。其实，“顺”不“顺”父母，更多是主观感受，最终得父母说了算。不顺，从另一个角度也可以理解为父母看不顺眼，所以丈夫休妻有时完全是依据父母的好恶，而非出于本意。姜诗的妻子被休弃，其主要是因为婆婆的抱怨。

二、无子。古代婚姻的一个主要目的便是“下以继后世”。因此，为家族生儿育女、传宗接代乃是妻子最重要的任务。但是，无子的原因无非是双方或一方有生理疾病,将无子的责任完全归咎于女性,不仅荒谬，而且愚昧。

三、淫。按照礼制，丈夫可以纳妾，而妇女则必须保持贞操。妻子有不贞行为即被视为乱族,会破坏夫家血统的纯正,所以淫被列为休妻的一大理由。这一点很容易被滥用。丈夫有时只是怀疑妻子有淫乱的行为，但没有证据，往往也将妻子休弃。

四、妒。这里的妒不是指一般的嫉妒，而是与丈夫纳妾蓄婢相联系,主要针对那些对丈夫多置妾室不满、在言语和行为上敢于表现的正妻。嫉妒被认为是违背了妇女的柔顺之德、贤惠之道，将“妒”列为七出的理由之一,目的是为了维护父权制家庭丈夫多妻、家族多子的利益。妻子反对丈夫纳妾蓄婢完全是正当合理的,但在以男性为主导的古代社会竟成了被驱逐出夫家的理由。

五、有恶疾。关于恶疾，一般认为包括两类疾病:一是不治之症，二是疠病，即麻疯病。妻子身染重病就要被丈夫休弃，这是何等不人道。相反，礼却要求妻子“从一而终”，“嫁鸡随鸡，嫁狗随狗”，无论发生什么情况都不能离弃丈夫，古代社会男女的不平等可见一斑。

六、口多言。按照礼制的要求，妇女应当温柔娴静，不苟言笑。妻子如果多言多语，就容易惹是生非，离间家庭关系，影响和睦，难

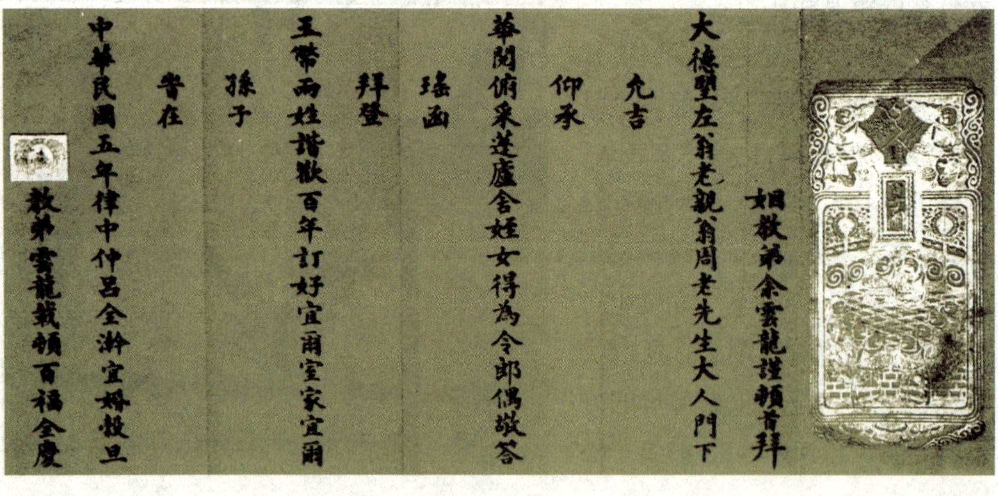
姻教弟余雲龍謹頓首拜
大德望左翁老親翁周老先生大人門下
允吉
仰承
華閱俯采蓬廬舍姪女得為令郎偶敬荅
瑶函
拜登
玉帶兩姓諧歡百年訂好宜爾室家宜爾
孫子
昝在
中華民國五年律中仲呂全滸宜婚穀旦
教弟雲龍載頓百福全慶

▼ 民国时期的婚书

逃被休弃的命运。其实口多言只是轻微的小毛病，何至于要到解除婚姻的地步。

七、窃盗。窃盗不是指在外面的偷盗，而是指妻子擅自动用家里财产的行为。在中国古代，女子一旦嫁入夫家，就没有了财权，甚至连嫁妆都要归夫家所有。妻子如果擅自动用夫家财产，就构成“窃盗”行为。从这一规定不难看出，女性在家庭中的地位极其低下，连最起码的财产权都没有，想要稍稍自主地使用一下家庭的财产都会遭到被扫地出门的厄运。

知识点击

唐代的“义绝”与“和离”

唐代除沿用西周的“七出”、“三不去”以外，在离婚制度上又有所发展，规定了“义绝”与“和离”制度。义绝，是指夫妻恩义已绝，如夫或妻殴打或杀伤对方的父母、祖父母、外祖父母等，这种情况下必须强制离婚，否则处徒刑一年。义绝也主要是为了维护宗法伦理的需要。和离，是指双方自愿离婚，这一规定赋予了妇女一定的表达自己意愿的权利，具有积极的意义。

纵观“七出”各条，无一不是对男性权威、尤其是男性家族权威和利益的维护与强化。按照“七出”的规定，丈夫可以很随意地就将妻子休掉。“七出”还有一个重要特点，就是其中没有一条是有关感情的，因为古代社会是父权家长制的社会，婚姻是两个家庭之间的事，不考虑当事人的感受，无论结婚还是离婚，其目的都是为了维护家族利益和巩固家族秩序。

为了防止“七出”被过分滥用，周礼中对“七出”也做了一些限制，规定了“三不去”：“有所娶无所归，不去；与更三年丧，不去；前贫后富，不去。”如果妻子没有娘家可以依靠，如果妻子曾为公婆守孝三年，如果娶妻时还很贫贱，但后来富贵了，在这三种情况下，丈夫都不能休弃妻子。这样的规定虽然在客观上有利于女方，但主要还是为了维护宗法伦理和家族稳定的需要。“三不去”也为后世各朝所沿用。

在现代社会中，妇女实现了大翻身，在地位上实现了与男子平等，男女都有婚姻自主权。现代婚姻法中，结婚需要双方自愿，在离婚问题上，主要考虑的也是双方感情是否确已破裂。“七出”、“三不去”这种体现男尊女卑的宗法等级制度的产物已经丧失了其存在的基础，被扫进了历史的垃圾堆。

恩仇泯，霸业成

——管仲首倡改革

▲管仲像

“霸王之所始也，以人为本。本治则国固，本乱则国危。”管仲的改革思想闪耀着人本主义的光辉。

管仲（?～公元前645年），名夷吾，字敬仲，史称管子，出生于颍上（今安徽颍上县），春秋初期齐国人。公元前686年，齐国发生了一次内乱，国君齐襄公被杀，他的两个弟弟公子纠和公子小白展开了一场对王位的争夺。管仲是公子纠的师傅，曾射过小白一箭，但箭射在衣服的带钩上，小白诈死得以脱身。后来，小白在这场争夺中获胜，当上了齐国国君，即齐桓公。经人举荐，齐桓公了解到管仲是治国的奇才，他不计一箭之仇，毅然任用管仲为相，主持国政，并尊称其为“仲父”。管仲对齐桓公的豁达大度和知人善任十分感激，也将旧怨前嫌抛之脑后，全心全意地辅佐齐桓公治理国家。他进行了一系列改革，使齐国日益强盛，成为春秋时期的第一个霸主，“九合诸侯，一匡天下”。管仲的法律思想在齐国的政治、经济和法制改革中起过重要的指导作用，他富有革新精神，对战国时期法家思想的形成影响很大。

（一）提出“以人为本”、“以百姓为天”的治国理念，体现了朴素的民本思想。

管仲担任齐国的相以后，立即向齐桓公提出了“以百姓为天”的治国理念。他说：“政之所行，在顺民心；政之所废，在逆民心”，“君人者以百姓为天。百姓与之则安，辅之则强，非之则危，背之

仓廪实而知礼节，衣食足而知荣辱。

——管仲

则亡。”又说：“霸王之所始也，以人为本。本治则国固，本乱则国危。”即使在今天，“以百姓为天”、“以人为本”这样蕴含着朴素民本思想的话语也仍然闪耀着智慧的光芒。基于这一点，管仲提出在发展耕织和工商业时必须“与民分货”，即让人民分享一点生产成果和经济收益；在立法时也提出必须“令顺民心”，要符合人民的利益和要求，这使他的改革得到了百姓的热情拥戴，具有坚实的群众基础。

> **延伸阅读**
>
> **《管子》**
>
> 春秋时管仲及管仲学派的著述总集，大约成书于战国时代。其中包括管仲遗说、记述管仲言行的著述以及管仲学派对管仲思想的发挥等。《管子》虽然不是管仲亲笔所著，但其保存了丰富的史料，对研究管仲的思想有很大价值。

(二)高度重视发展经济，提出“仓廪实而知礼节，衣食足而知荣辱”。

管仲非常强调经济基础的决定作用。他认为，要使齐国强盛，首先必须要致力于经济改革。经济改革是使国家富强的前提，也是使人们遵守礼义法度和稳定社会秩序的物质基础。管仲很重视道德的作用，把礼、义、廉、耻称为“国之四维”，但他反对空谈礼义法度，漫谈仁义道德。在他看来，老百姓如果生活于水深火热之中，自然会蔑视国家的法令，更不会懂得礼义廉耻为何物。只有先解决好人民的衣食住行等基本生活问题，使人民免于受冻挨饿，才谈得上贯彻法令和申明教化，因此他提出了“仓廪实而知礼节，衣食足而知荣辱”的著名思想。这是一种存在决定意识、物质决定精神的唯物观。管仲在2000多年前就能如此深刻地认识到物质的基础性作用，为后世许多进步的思想家所赞叹不已，他的这句名言也被历史上一切开明的政治家奉为圭臬。

从这一思想出发，管仲在齐国进行了大张旗鼓的经济改革。齐国东临大海，矿产丰富，管仲充分利用这种有利条件，大兴渔业、盐业和冶铸业，设置盐官、铁官，实施国家垄断性经营，并以不纳税的优惠政策鼓励鱼、盐的出口贸易。在农业方面，他改革了赋税制度，采取“相地而衰征”的办法，即按照土地的好坏分等征税，以提高土地的使用率，使农民能够得到温饱而不至于背井离乡。他还号召人民开垦荒地，兴修水利，种植五谷桑麻，饲养六畜，努力耕织。经过他的经济改革，齐国的经济逐渐繁荣起来，综合国力迅速增强，为齐桓公号令诸侯、称霸天下打下了基础。

▲《管子》书影

（三）重视法制改革，提出立法上的“与俗同好恶”和执法上的“劝之以赏赐，纠之以刑罚”。

管仲非常重视法制改革，主张要“修旧法，择其善者而业用之”。“旧法”，指旧的礼法制度，既包括礼，也包括法；“业”，指的是改造创新。这句话的意思也就是要对旧法进行检查，将那些有利于国家兴旺发达的规定加以与时俱进的改造，为当世所用，从而使立法“与俗同好恶”。

在执法上，管仲根据他的“好利恶害”的人性论，认为要保证法令的贯彻，必须“劝之以赏赐，纠之以刑罚”。他虽然把“礼义廉耻”比作“国之四维”，但更重视赏罚的作用。在行赏施罚上，他一方面不顾周礼任人唯亲的“亲亲”原则，提倡破格选拔人才，制定了“匹夫有善，可得而举”的政策，把荐贤作为地方官吏的一项基本任务；另一方面，他强调对不法官吏必须绳之以法，“有过不赦”。他还突破了“礼不下庶人，刑不上大夫”的旧传统，敢于打击旧贵族，在《论语·宪问》中就有管仲剥夺“伯氏骈邑三百”的记载。

不过，管仲的“纠之以刑罚”，其锋芒主要还是指向劳动人民的。他曾按职业和身份将“国”（国都以内）、“鄙”（国都以外）的居民重新加以编制，并“寄内政于军令”，把行政组织和军事组织结合起来，以加强军事力量和对人民的控制。他还主张加重刑罚，使人民“畏威如疾”，以维护统治秩序。

管仲是中国历史上倡导改革的第一人。虽然他的改革只是量变型的，没有像后来的商鞅变法那样引起社会的根本性变革，但他的改革对推动齐国的社会进步起到了巨大作用。而且，改革已超出了旧的礼制范围，有利于封建制的发展，这使得他的首倡精神一直为人们所称道。另外，他所主张的“富国强兵”、“与民分货”和“劝之以赏赐，纠之以刑罚”等，都是与后来的法家一脉相通的，所以后人一般称他为法家的先驱。在中国法制史上，管仲占有重要的地位。

叔向发难郑国执政

——子产铸刑书

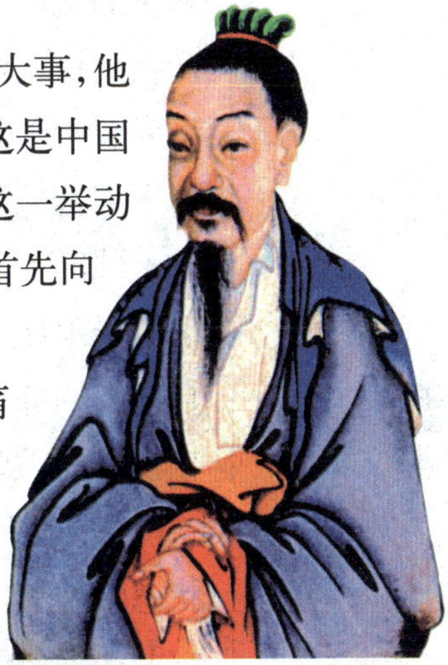

▲子产像

公元前536年，郑国执政子产做了一件史无前例的大事，他将国家的法律以条文的形式铸在鼎上，向天下公布。这是中国历史上第一次公布成文法的活动，史称“铸刑书”。这一举动在当时引起了轩然大波，贵族们纷纷表示强烈不满。首先向子产发难的是晋国大夫叔向。

子产为何要铸刑书，叔向又为什么对此如此深恶痛绝呢？要弄清这一问题，须得分析当时的历史背景。

实际上，叔向所反对的只是“铸刑书”这一形式，也就是说，反对子产将法律条文铸在鼎上公布于众。其实早在春秋以前，就已经出现了奴隶制的成文法。春秋以来，各国修订法律更是史不绝书，但这些法律都是奴隶主贵族手中的利器，是绝不公布于众的。对奴隶和平民来说，某一行为是否违法，违法又该如何惩罚，统统无从知晓，罪与非罪的标准以及对犯罪的处罚全由贵族们临事擅断。奴隶主贵族把持法律于其手中，几乎不受任何约束，不但可以对其封地内的奴隶恣意妄为，而且也可以随意迫害包括非贵族出身的地主在内的平民。

然而，到了春秋后期，这种情况难以再维系了。随着生产工具的改进，生产力迅速发展，大量私田被开垦出来，社会重新分层，新兴地主阶级迅速崛起。生产关系的转变必然要促使上层建筑发生剧烈的变革，新兴地主阶级意气风发地登上了政治舞台，展开了一场轰轰烈烈的向旧奴隶主贵族夺权的斗争。同时，周王朝实力衰微，诸侯各自为政，出现了“礼崩乐坏”的局面。在这种情况下，传统尊者贵者的权威也必然受到冲击。以新兴地主阶级为首的广大人民迫切要求在法制领域内进行改革，打破奴隶主贵族对法律的专权垄断，摆脱旧贵族的压迫，以维护自己的私有财产和其他权利。当时的一些较为开明的当权贵族，特别是向封建地主转化的贵族，为了适应新形势的变化与争取新兴地主阶级和其他人民的支持，纷纷制定和颁布成文法。子产是他们之中最早的一位，也是最负盛名的一位。子产生活的郑国，处在春秋两霸——晋国和楚国之间，是两霸的必争之地，屡遭晋、楚的蹂躏。同时，在内部又面临着新兴封建势力的威胁和奴隶主之间的内讧，处在内外交困的危险局势中。子产执政后，为了挽救郑国的危亡、顺应当时形势的需要而进行了一系列有利于封建化的改革，使郑国呈现出一派新气象。首先是在经济上推行“作封洫”（按田亩征收税赋）和“作丘赋”（以丘为单位，向土地所有者征收军赋）的政策。虽然是向人民征收赋税，但实际上等于承认了私有土地的合法性，因而逐渐得到了新兴地主和广大自耕农的拥护。在经济改革的基础上，为进一步适应社会变革和整顿秩序的需要，子产公布了新制定的刑书。

成文法的公布，意味着“刑不可知，则威不可测”的法律秘密状态的结束，瓦解了过去“议事以制”的贵族专断体制，而代之以按照法规条例定罪量刑的方式。这对旧贵族的特权来说是一个很大的限制（当然贵族的特权并没有完全消失），使之再难擅断罪行和任意刑杀，因而受到了旧贵族们的仇视。

然而，子产是坚定不移的改革派，他没有因为旧贵族们的恫吓而改变自己的主张。在当时，公布成文法是大势所趋，继子产铸刑书以后，其他诸侯国也纷纷效仿。首先公布成文法的子产真不啻是识时务为俊杰的先知先觉者。

成文法的公布，具有非常重大的意义。它使法律由隐蔽走向公开，强有力地冲击了传统的法律观念、法律制度和社会秩序，开创了古代法制的新时代。自此以后，法律的公开遂成定制。作为第一个公布成文法的人，子产为我国古代法制的发展和观念的更新做出了不可磨灭的贡献。

惟有德者能以宽服民，其次莫若猛。夫火烈，民望而畏之，故鲜死也；水懦弱，民狎而玩之，则多死焉。故宽难。

——子产

关于赎尸的两可之说

——中国律师的鼻祖邓析

邓析（公元前545～前501年），春秋晚期郑国人，年少时即头脑灵活，很有学问。后来，邓析当了郑国的大夫，在政治上非常活跃，做了两件轰动天下的大事。一是私家传授法律，帮助老百姓进行诉讼。他是中国有史料记载的最早的讼师。讼师是中国古代对律师的称谓，邓析因此被后人视为中国律师的鼻祖。二是反对“刑书”，私造“竹刑”，使法律进一步走向民间，为普通大众所知晓。

邓析最为人所称道的，是他讲学助讼，使郑国兴起了一股诉讼的浪潮。邓析自己创办了一所私学，聚众讲学，广招门生，大力进行普法宣传教育，不仅讲授自己的著作“竹刑”，还专门教人怎么打官司，教授给别人讼辩的技巧。据《左传》记载，邓析创办私学，“民之……学讼者不可胜数”，可见其私学之兴盛。同时，邓析也为

▼竹简

竹简造价低廉，是当时流行的书写用具之一。将刑书写在竹简上，普通百姓也可以买得起，这对“竹刑”的推广起到了积极的作用。

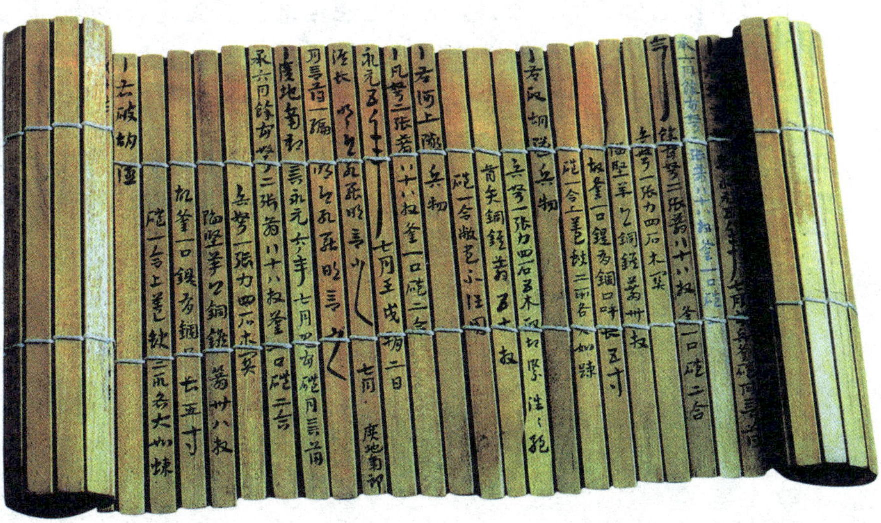

他人提供法律帮助，替老百姓打官司。春秋时期，诉讼代理制度已经萌芽，诉讼当事人可以委托其下属或子弟等代理而不必亲自到官府打官司，这种社会环境为邓析施展自己的才华提供了用武之地。据《吕氏春秋·离谓》载，邓析帮人诉讼，大案件收取一件外衣，小案件则收取一条短裤，颇有今天律师的味道。这是中国法制史上的创举，邓析因此被誉为中国历史上的第一位“大律师”。他又以擅长辩论著称，史书记载邓析能够“操两可之说，设无穷之辞”，并且“持之有故，言之成理”。就是说他能对事物的两种相反或相矛盾的性质，提出从逻辑上对立的判断，而又能分别论证这两个判断的正确性，无论从哪个方面，他都有无穷的对答之辞。邓析将自己的博学和雄辩充分运用到诉讼中，他代理的官司屡屡获胜。

除了讲学助讼，邓析另一彪炳史册的伟大事迹就是他敢于向时代和权威挑战，私造“竹刑”。邓析生活的时代，正是中国社会由奴隶制转向封建制的大变革时期，新兴地主阶级蒸蒸日上，而原有的奴隶主阶级日趋没落。此时新旧思想正处于激烈的碰撞和冲突之中，邓析与子产都属于当时的革新派，但他们的思想主张并不一致。建立和维护新的封建制度，是两人的共同点，而他们的显著区别则在于对待周礼的态度。子产虽然在郑国进行了一系列有利于封建化的改革，但由于他是从奴隶主贵族转化而来的封建贵族，为了保持贵族特权，并不否定周礼，他的改革也只是对周礼进行了部分改良，基本上还是维护了周礼的传统。邓析则不然，他站在新兴地主阶级的立场上，在当时天与人、礼与法的思想对抗中，不谈天命，反对改良，抵制旧礼，提出要“事断于法”。从现有史料看，正是他第一个提出反对礼制。他关于实行法治的主张也对后世法家影响深远。由于对子产所铸的维护周礼的刑书不满，他私自编了一部更能适应新兴地主阶级要求的成文法，把它写在竹简上，称为“竹刑”，同贵族的“先王之礼”大唱反调。在那个以“亲亲”、“尊尊”为基本原则的时代，邓析能

民一于君，事断于法，此国之道也。

——邓析

知识点击

名家

春秋战国时期的一个著名学派，以讲求名实（事物的概念和实质）关系而得名，擅长辩论，也称“辩者”、“察士”。名家分为两支：一支是讲求法条术语的“刑名之学”，与成文法相联系，创始人为邓析；另一支是专门研究逻辑关系的“形名之学”，与逻辑学相联系，典型代表人物是提出“白马非马”的公孙龙。

够“不受君命”而私造“竹刑”，其超凡的勇气、胆量和智慧不能不使人深深折服。而且，将法律写在竹简上造价便宜，易于携带和传播，所以邓析制定“竹刑”之举也揭开了法律的神秘面纱，使法律终于走向了大众，有利于平民提高法律意识和勇敢地维护自身的权益。

邓析助人诉讼、为下层百姓服务和“不法先王，不是礼义”的做法，虽然得到了民众的支持，但却触犯了当权贵族们的利益，给新、老贵族的统治造成了严重威胁，以至“郑国大乱，民口欢哗”。上层社会认为他“多事而穷功，欺世愚众”，把他称为“作伪之民”。郑国执政驷颛也视邓析为扰乱民心的祸首，遂于公元前501年将其杀害，并展尸示众。然而，邓析的“竹刑”并没有被扼杀，反而在郑国得到人力推行，可见他的主张在当时是势在必行的。驷颛“杀邓析而用其竹刑”，这一历史事实说明，法律虽然具有阶级性，但其本质最终还是体现为社会性。法律的内容是受一定社会因素制约的，最终也是由一定的社会物质生活条件所决定的，统治阶级不能随心所欲地按照自己的意愿制定法律。当社会已前进到某一阶段时，保守落后、不合时宜的旧制度必然会被符合时代要求的新制度所取代，时代的洪流、历史的进程是任何力量都阻挡不住的。

邓析虽然不幸地倒下了，但在中国法制史上，作为我国第一个专业素质极高的“律师”，第一个私人法律教育家，第一个明确宣告反对礼制的思想家，第一个私家法典的起草人和第一个为法律献身的持不同政见者，他无疑是一座永恒的丰碑。

“王者之政，莫急于盗贼”

——中国封建法典之源《法经》

《法经》是李悝在魏国主持变法时编纂的。魏文侯在位期间，为了达到富国强兵的目的，起用李悝为相，着手进行变法改革，推行了一系列行之有效的措施。李悝首先在经济上推行“尽地力之教”的政策，要求农民努力垦辟土地，勤劳耕作，使土地发挥最高限度的效率，以提高农作物产量，增加封建政权的田租收入。他又实行了“平籴法”（与现在的最低粮价收购制度相似），丰年由政府以平价购入粮食，灾年再以平价出售，以平抑粮食价格，防止商人囤积居奇，从而稳定小农经济，巩固封建社会的经济基础。政治方面，他宣布废除奴隶主贵族的世卿世禄制，这是我国历史上第一次对腐朽落后的世袭制度的大胆挑战。在此基础上，李悝主张根据功劳和能力选拔官吏，从而促进了封建官僚制度的形成和发展，为以后封建制彻底代替奴隶制开辟了道路。

李悝为了进一步巩固在经济、政治领域的变法成果，维护新生的封建制度，参考、总结了各国的立法经验，“集诸国刑典”，著成《法经》一书，通过魏文侯予以公布，使之成为法律，以法律的形式肯定和保护变法。

从篇目结构上来看，《法经》共有六篇，分别为《盗法》、《贼法》、《网法》、《捕法》、《杂法》和《具法》。李悝认为“王者之政，莫急于盗贼”，所以将《盗法》和《贼法》列在法典之首。《网法》也称《囚法》，是关于囚禁和审判罪犯的法律规定。《捕法》是关于追捕盗、贼及其他犯罪者的法律规定，《网》、《捕》二篇多属于诉讼法的范围。第五篇《杂法》是关于盗、贼以

▼虎符
战国时期各国调动军队的信物。虎符分为两半，各刻有相同的关于调兵制度的铭文，君主和兵营各持一半。虎符制度的建立标志着中央集权制的成熟。

外的其他犯罪与刑罚的规定，主要规定了“六禁”，即淫禁（惩罚正式夫妻关系以外的奸淫行为）、狡禁（惩罚盗窃官府符玺和议论国家法令的狡谲行为）、城禁（惩罚翻越城池的行为）、嬉禁（惩罚赌博行为）、徒禁（惩罚私自聚众或群居行为）和金禁（惩罚官员的受贿行为）等。此外，《杂法》还有关于“逾制”的规定，用于惩罚官员违反等级、僭越享用不应享用的器物服饰的行为。第六篇《具法》是关于在对罪犯定罪量刑时，根据不同的情节予以从轻或从重处罚等法律原则的规定，起着“具其加减”的作用，相当于现代刑法总则部分的内容。

食有劳而禄有功，使有能而赏必行，罚必当。

——李悝

《法经》以封建的法制思想和原则为指导，吸取了春秋战国以来各国制定和公布成文法的经验，代表了当时立法的最高成就。它是我国历史上第一部比较系统、比较完整的封建成文法典，对后世影响极大：

首先，从立法宗旨来看，《法经》为了巩固地主阶级的统治，保护以私有制为核心的封建制度，稳定社会秩序，首次确立了“王者之政，莫急于盗贼”的刑事立法原则。后世的法典纷纷效仿《法经》，把重点惩治盗、贼作为刑事立法的基本原则。

其次，从编纂体例和内容结构来看，《法经》以严惩盗贼罪为核心，根据罪名类型、办捕程序、量刑标准等各项不同内容分立篇目。其中已有总则与分则、实体法与程序法以及各种具体法律规范，形成了比较完备的体系。《法经》还首创诸法合体、以刑为主的篇章体例结构，从六篇的内容来看，刑事法律规范在数量上占了绝大多数。这种诸法合体、以刑为主的立法体例影响中国达2000多年，后世各朝立法都继承了《法经》开创的这一传统，《秦律》、《九章律》、《新律》、《晋律》、《北齐律》、《唐律疏议》、《宋刑统》、《大明律》，直至中国的最后一部封建成文法典《大清律例》，尽管在名称、体例上有所变化，但万变不离其宗，都是以刑为主，诸法合体。

可见，无论是从立法宗旨、律典体例、篇章结构抑或是内容实质等各个方面，《法经》都是一部具有划时代意义的法律文献，对后世2000多年的封建立法和法制内容产生了深远影响。

“徙木立信”的故事

——商鞅变法

▲商鞅像

公元前359年的一天，秦国都城的南门口立起了一根三丈高的木柱，柱子上贴有一张盖着官印的告示：“谁能把这根木头扛到北门去，赏黄金十两。”当时围观的人很多，但没有一个人去搬动那根木柱。他们不相信世间有这样的好事，而且秦国政府做事历来虎头蛇尾，一向得不到人们的信任。后来，告示上的赏金又提高到50两，人们依然持怀疑的态度，不敢去搬。过了几天，才有一个人抱着试试看的心理半信半疑地把柱子搬到了北门，结果马上得到了50两赏金。人们沸腾了，纷纷奔走相告。第二天，人们又跑到城门口去看有没有木头，大家没发现木头，却看到了变法的新法令。这次，人们都深信不疑，认为政府真是下决心要进行大刀阔斧的改革了。

上面的“徙木立信”是商鞅在秦国变法时为取得老百姓的信任而采取的小策略。说到商鞅变法，还得从秦孝公发布求贤令谈起。

公元前361年，秦孝公即位。当时秦国是战国七雄中最弱小、最被看不起的国家。秦孝公决心奋发图强，改变国家的落后面貌，于是就发布求贤令招纳天下贤才。不久，商鞅应征从魏国来到秦国。

商鞅（约公元前390～前338年），出身于卫国的一个没落贵族家庭，姓公孙，名鞅，又叫卫鞅。后因在秦国变法有功，被封于商地，所以被称为商鞅。他曾经在魏国做了一段时间的门客，但没有得到重用，听闻秦孝公招募人才，便

治世不一道，便国不法古。

——商鞅

来到了秦国。他三次求见孝公，前两次故意大谈儒家的王道治国理论，孝公毫无兴趣；第三次求见时他才侃侃而谈自己的一套富国强兵的道理和办法，孝公听得津津有味，对他的主张十分欣赏。最后，孝公决定重用商鞅，变法图强。

但是，贵族大臣们纷纷对商鞅感到怀疑，对变法表示反对。孝公虽然很倾向于变法，觉得只有变法才是使秦国富强起来的唯一途径，但是看到臣下反对的人那么多，又犹豫起来。于是他把商鞅和大臣们召集到一起，进行了中国历史上关于变法问题的第一次大辩论。守旧的大臣们顽固地坚持古法和旧礼，诋毁新法为“谬论”。商鞅反驳说，古法、旧礼不能使国家富强，墨守成规只能自取灭亡，治理国家的方法不是唯一的，只要对国家有好处就不必效法古代。他谈古论今，口若悬河，驳得那帮大臣张口结舌，坐不安席。秦孝公听他讲得头头是道，十分高兴，更加坚定了变法的决心。于是，他任用商鞅为左庶长，掌握军政大权，开始进行一系列重大改革。

▶军功表
为了鼓动人们英勇作战，商鞅制定了20等军功爵，明确了赏格。这20等军功爵是：公士，上造，簪裹，不更，大夫，官大夫，公大夫，公乘，五大夫，左庶长，右庶长，左更，中更，右更，少上造，大上造，驷车庶长，大庶长，关内侯，彻侯。

	赐田（顷）	赐宅（亩）	
	20	180	二
	19	171	十
	18	162	十
	17	153	十
	16	144	十
	15	135	十
	14	126	十
	13	117	十
	12	108	十
	11	99	十
	10	90	十
	9	81	九
	8	72	八
	7	63	七
	6	54	六
	5	45	五
四级：不更	4	36	
三级：簪裹	3	27	
二级：上造	2	18	
一级：公士	1	9	

民爵（1—4级）
官爵（5—20级）

公元前359年到前350年，商鞅先后进行了两次变法。主要内容包括：

1.改法为律，制定秦律。商鞅在《法经》的基础上，对秦国的法律作了重要补充，制定了新的《秦律》。法和律具有不同的含义，法主要强调内容的公平性，而律更侧重于适用上的普遍性。由法到律的演变并不只是文字上的简单变化，而是法律概念和制度上的一大发展。

2.重农抑商，奖励耕织和垦荒。新法规定凡是努力耕织、生产粮食布帛多的农户，可以免除徭役负担，还可以用多余的粮食捐买官爵；而懒惰和弃农经商的人，则要连同妻子、儿女一起被罚做官府奴婢。

3.厉行法治，明法重刑。商鞅是法家的重要代表人物，其变法也是以法家的“明法”、“重刑”等基本思想为指导的。商鞅主张要大力进行法制宣传，使老幼妇孺皆知法。推行法治要使用重刑，对轻罪也要重罚；任何人违法犯罪都一律严加查办，决不宽宥赦免。他还实行了连坐和奖励告奸等政策。

4.打击旧贵族的势力，建立封建法制。商鞅推行了一系列封建化的改革措施，包括：

首先，废除贵族的井田制，“开阡陌封疆”（阡陌指每一亩田的小田界，封疆指每一顷田的大田界）。这次对农田制度的改革，一方面以法令形式废除了井田制，破除了旧的阡陌封疆；另一方面则设置了新的阡陌封疆，保护了土地私有制。

其次，取消奴隶主贵族的世卿世禄制，实行按军功授爵。商鞅规定了“首功”制度，以斩杀敌人首级的数目来决定爵位的高低，共分成20级，按照爵位等级制定私有田宅、服饰、奴隶等的标准。军事上没有功劳的，即便是贵族也不能授予爵位。这样就从法律上废除了奴隶主贵族的世袭特权，为封建地主阶级的成长和封建制度的发展扫清了障碍。

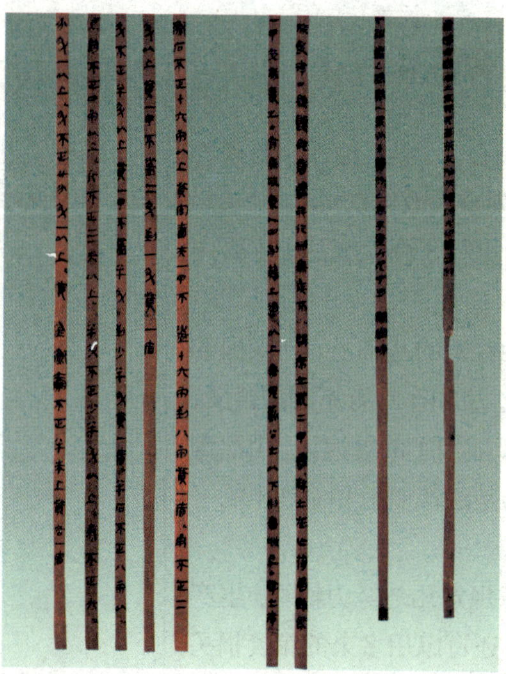
▼记载《秦律》的竹简

第三，取消奴隶制时代的贵族分封制，普遍推行县制，设置县一级官僚机构。这样就从制度上废除了奴隶主贵族通过分封制世代垄断各地军政的特权，确立了封建君主专制统治的中央集权制度和官僚政治制度。

新法使贵族失去了过去的许多特权，触犯了贵族的利益，贵族们拼命地阻碍、破坏变法，甚至怂恿太子犯法。太子是未来的国君，不能动刑，商鞅便依法把太子的老师公子虔割了鼻子，

战国时期各国的变法运动

国家	主持者	主要内容
魏国	李悝	推行"尽地力之教"和"平籴法"，废除奴隶主贵族的世卿世禄制，制定《法经》。
赵国	公仲连	选用贤才，制定《国律》。
楚国	吴起	剥夺旧贵族的权利，整顿吏治，制定《宪令》。
齐国	邹忌	选拔人才，奖励有功劳者，制定《七法》。
韩国	申不害	改组整顿官吏队伍，加强对官吏的考核监督。
秦国	商鞅	制定《秦律》，废除井田制和世卿世禄制，奖励耕战和军功，实行重法，推行县制。

把公孙贾刺了面，以示推行变法的决心之强烈。这样一来，没有人敢不守法了。

变法很快取得了显著的成效，秦国迅速强盛起来。在国内，老百姓都一心务农，积极种田织布，生产得到很大发展，社会秩序也井井有条；由于新法规定了将士杀敌立功的可以升官晋级，所以战士们都英勇作战，使秦国在对外战争中也捷报频传。新法实行十年以后，秦国就奇迹般地由七雄中最弱小的国家变成了最富强的国家。

秦国强大起来了，但给它带来巨变的商鞅却没有得到好的结局。公元前338年，孝公驾崩，太子即位，是为秦惠文王。秦惠文王与商鞅有旧仇，贵族们此时也群起攻击商鞅，商鞅最后被惨烈地车裂而死。然而他的新法仍然被沿用下去，"商君死而秦法未败"。商鞅与其新法的命运和邓析与其"竹刑"有惊人的相似。

商鞅变法是一次极为深刻的社会变革，是战国时期各国变法运动中最彻底和最成功的一次。它冲击了秦国的旧传统和旧法律，为秦国政治、经济的发展提供了强有力的法律保障，使秦国的封建法制得以确立和发展。商鞅的变法，使秦国愈来愈强盛，为日后秦始皇统一中国奠定了坚实的基础，人们用"商鞅相孝公，为秦开帝业"来盛赞他的卓著功勋。商鞅变法是中国法制史上浓重的一笔，他革故鼎新的改革精神永远放射着不朽的光芒！

“不务德而务法”

——法家思想的集大成者韩非

▲韩非像

公元前234年的一天，秦王嬴政（即后来的秦始皇）在读法学著作《孤愤》、《五蠹》篇时，深深为作者的才华所打动，感叹道：“唉，我要是能见到这个人并能与其交往，就是死也不悔恨啊！”站在他旁边的李斯听见了，告诉秦王说：“大王，这两篇文章是韩国的韩非写的，这个人也是我的同学。”为了得到韩非，秦王第二年就讨伐韩国。在秦军强大的攻势面前，韩国只好交出韩非。但由于政治上的种种原因，秦王并没有立即起用韩非，而是听信李斯、姚贾等小人的谗言，将韩非治罪关进大牢。后来秦王非常后悔，赦免了韩非。但想不到的是，李斯因为嫉妒韩非的才能，已经逼迫韩非饮毒自尽了。秦王为之惋惜不已，但也无可奈何。韩非究竟是什么样的人物？雄心勃勃的嬴政为什么对他如此感兴趣呢？

韩非（约公元前280～前233年），出身韩国贵族，曾经师从荀况，是先秦法家思想的集大成者，代表了法家思想的最高成就。法家是中国春秋战国时期以法治为核心的思想学派，它否定世袭贵族天然传承的等级制度，反对儒家倡导的礼治、德治，强调法律

法不阿贵，绳不绕曲，法之所加，智者弗能辞，勇者弗能争，刑过不避大臣，赏善不遗匹夫。

——韩非

在“定分止争”和“兴功惧暴”(即富国强兵和维护统治)方面的重要作用。法家前期的代表人物有管仲、李悝、商鞅、申不害、慎到等,发展到韩非则达到了顶峰。韩非关于实行法治的理论比前期法家更加系统深入,在推行法治的方法上也更为完备、具体,并在总结前期法家法、势、术三派的基础上,建立了一个以法为本,“法”、“势”、“术”三者相结合的完整理论体系,为封建专制主义中央集权制的建立提供了有力的思想武器。这些都奠定了他作为法家思想集大成者的地位。

▲秦铁钳和铁桎
铁钳和铁桎是刑徒所戴刑具,两桎环,一环上有铁锁一把。

韩非的法学思想主要有两个方面,一是基本法治理论,二是具体法治方法。

(一)以两论为基础的基本法治理论。

韩非提出了人多物寡论和人性好利论,以此来说明社会历史变化的原因以及国家和法律产生的根源,并在这一基础上充分论证了实行法治的必然性和必要性。韩非认为,在上古时代的原始社会,由于人口稀少,天然资源多,人们不必争夺食物等生活资料,因而不需要国家和法律。但是,随着人口迅速增加,现有的生活资料已经不能满足人们生活需要,出现了“人民众而财货寡”的现象。另一方面,韩非又提出,人生来就是自私自利的,“人人皆挟自为心”,所以在粥少僧多的情况下必然发生争夺。韩非还认为,人的这种自私自利的本性是根本不可能改变的。人们之间的各种关系,不论是一般人之间、君臣之间还是亲子之间,无一不受这种本性支配,人与人之间并没有什么仁义道德可言。因此,人们之间发生冲突,就不能幻想依靠“仁义”、“德厚”来感化,而只能通过国家和法律,采取高压政策以维持社会秩序。所以他主张“不务德而务法”,要求君主“不养恩爱之心,而增威严之势”。除了以法律为工具加强统治以稳定社会秩序外,韩非还提出要利用人的自私自利的“自为心”,以利为钓饵,使人民来做有利于国家的事,以达到富国强兵的目的。

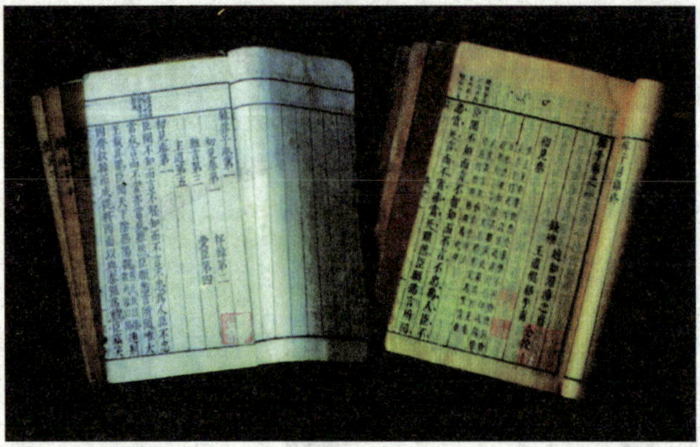

▲《韩非子》书影

（二）以法为本，“法”、“势”、“术”相结合的法治方法。

韩非认为，要实行法治就必须制定法律，并且必须“以法为本”，把法律作为统治国家、调整社会关系的基本工具。他提出了一系列实行法治的方法，归纳起来主要有：

第一，要实行法治，首先必须将成文法予以公布，应力求家喻户晓，使人们有所遵循，同时防止官吏专横徇私。他还要求统一法令，一方面要在地域上统一，使立法权专操于君主之手；另一方面要在时间上统一，避免前后矛盾。

第二，坚决主张“明法”，树立法令的绝对权威，使法令成为判断言行是非和进行赏罚的唯一标准。因此他要求统一思想和实行文化专制，禁止一切与法令不合的思想、言论，特别是儒家所主张的“仁政”、“德治”。

第三，鉴于“法之不行，自上犯之”的教训，韩非特别强调了法令的“大公无私”和适用上的一体性，要求“法不阿贵”，“刑过不避大臣，赏善不遗匹夫”，反对法外特权。

第四，提倡重刑。韩非认为利用法律统治民众的最好方法就是重刑，只有重刑，才能令行禁止，使民众不敢为非。同时，重刑惩罚犯罪者也可以收到杀一儆百的效果。

在以法为本的基础上，韩非还提出实行法治应当将“法”、“势”、“术”三者相结合。“法”指法令，是国家制定的人人都必须遵守的行为规范；“势”指权势，包括地位和权力，是君主统治百姓、管理国家的客观条件；“术”指权术，是君主控制驾驭臣民的手段和策略。在韩非之前，商鞅制法，申不害用术，慎到重势，而韩非总结前人经验，主张三者并重，综合利用。他认为，“法”是实行法治的基础，没有法就没有规矩可循，“势”、“术”的施展就受到限制；“势”是实行法治的后盾，君主如果无“势”，既不能发号施令，又不能行赏施罚，就根本谈不上法治。所以他鼓吹君主必须“擅势”，必须集权于一身。另一方面，“势”也不能离开“法”，有“势”而无“法”只能是人治。“术”则是实行法治的手段，韩非认为包括任免和考核臣下的方法以及阴谋的政治权术。“术”至关重要，因为君主掌握了“术”才能牢牢控制政权，贯彻法令。韩非的“法”、“势”、“术”是君主手中的三条鞭子，为君主绝对的个人专制提供了武器。

不难看出，以韩非为代表的法家所提出的这种务实进取的法治思想和观点有利于增强国家的实力和强化君主的个人权威，迎合了新兴地主阶级建立统一的封建主义中央集权制政权的迫切需要，因而颇受秦王的赏识和青睐。韩非虽然死了，他的主张却得到了秦王的采纳和大力推行。但法家严刑峻法的思想则是反人民的，不利于社会生产，激化了社会矛盾。这也成为以其为指导的秦王朝很快被农民起义推翻的原因。

春秋战国时期法家主要代表人物

时代	人物简介	法学观点简介
春秋时期	管仲（？～公元前645年），名夷武，字敬仲，史称管子，齐国人，春秋时期著名的政治家、思想家。管仲辅佐齐桓公，在齐国首倡改革，使齐国日益强盛，第一个取得了春秋时期霸主地位。	法家学派的先驱，提出要“修旧法”，使“令顺民心”。
战国时期	李悝（公元前455～前395年），战国时期魏国人，著名的政治家。魏文侯时李悝在魏国推行变法，成效显著。	被认为是法家学派的始祖，著有《法经》。
战国时期	商鞅（约公元前390～前338年），出身于卫国没落贵族之家，原名公孙鞅。他在秦国主持变法，建立了秦国的封建法制，影响巨大，最后被守旧贵族迫害致死。	重视法治，主张“以法为师”、“刑无等级”、“以刑去刑”等，著有《商君书》。
战国时期	慎到（约公元前390～前315年），赵国人，早年曾学“黄老道德之术”，是从道家中分出来的法家。他长期在齐国稷下讲学，对法家思想在齐国的传播起了重要作用。	认为“法”是公正无私的，应当成为人们的行为准则和衡量是非的唯一标准。著有《慎子》。
战国时期	申不害（约公元前385～前337年），郑国人，也是从道家分化出来的法家代表人物。韩灭郑后，韩昭侯任命申不害为相，进行改革，使韩国一度国富兵强。	强调君主要必须掌握一套驾驭臣下的权术，鼓吹君主的“独视”、“独听”和“独断”，被韩非批评为“徒术而无法”，著有《申子》。
战国时期	韩非（约公元前280～前233年），出身韩国贵族，曾经师从荀况，是先秦法家思想的集大成者，代表了法家思想的最高成就。	提出了人多物寡论和人性好利论，主张以法为本，“法”、“势”、“术”相结合的法治方法。

小女子上书引发的大变革

——文景刑制改革

西汉初年，经济凋敝，国家贫穷，统治者吸取秦实行暴政而迅速覆亡的教训，采取了“务在宽厚”、“与民休息”的黄老无为政策。但在刑罚制度上却基本沿袭了秦朝，继续使用黥、劓、斩左右趾等肉刑。汉文帝十三年（公元前167年），齐太仓令淳于意犯了罪，按规定应当处以肉刑，被押往长安。他的小女儿缇萦非常悲痛，一路跟随父亲来到长安，向汉文帝上书说：“我父亲做官时，人们都称赞他为人正直廉洁，现在他犯了法要受肉刑处罚。被处死的人不可复活，被残损的肢体不能再生，即使想改过自新，也为时已晚。我甘愿入官府为奴以赎抵父罪，使他能有改过的机会，重新做人。”文帝被缇萦的孝心深深感动，也觉得她所言确有道理，感叹道：“法律规定了肉刑，但仍有作奸犯科的人存在，问题出在什么地方呢？难道不是因为我恩德少、教化不明吗？施行肉刑断裂人的肢体，削刻人的肌肤，使人终生残疾，这种刑罚是多么不人道，这怎么称得上是民之父母所为呢？我要废除肉刑，用其他刑罚来代替。”于是文帝免除了对淳于意的处罚，并下令御史提出废除肉刑的办法，从而拉开了汉代刑制改革的序幕。丞相张苍、御史大夫冯敬等经过商议，拟定了具体的方案：把墨（脸上刻墨）改为髡钳城旦舂（头发剃光、脖子上套铁圈服劳役）；把劓（割鼻子）改为笞三百（打三百板子）；把斩左趾（斩去左脚）改为笞五百（打五百板子）；把斩右趾（斩去右脚）改为弃市（死刑）。

法者，治之正也，所以禁暴而率善也。

——刘恒(汉文帝)

▲汉文帝与诸臣商议废除肉刑

▲缇萦像

汉文帝决意进行刑罚改革，并不单纯是因为对孝女缇萦动了恻隐之心，而是有着深刻的历史背景。汉文帝时期，西汉的社会经济刚刚复苏，需要大量劳动力的投入，而肉刑使犯罪者的劳动能力丧失或受到减损。当时阶级矛盾仍很突出，仅靠轻徭薄赋的经济政策还不足以缓和。文帝废肉刑，乃是顺应形势的需要，借以发展经济，缓和社会矛盾。事实上，早在汉文帝进行大规模改革之前，汉朝统治者就已采取了一些废除酷刑的措施，如高后执政时正式废除夷三族刑，文帝刚即位不久即下诏废除连坐。到他改革前夕，汉朝已是刑罚大省、刑政宽简，废除肉刑是大势所趋。缇萦上书只是导火索，最终促成了刑制改革的出台。

这次改革刑制，汉文帝本意是在废止肉刑，宽缓刑罚，但因在取代肉刑的手段上存在一些弊端，所以在某些方面其效果是增加而不是减轻了刑罚的残酷程度。如把原先斩右趾的刑罚上升为弃市，处刑上是从轻改重了；又如用笞五百和笞三百来代替斩左趾及劓刑，笞数太多，也难保活命，往往是笞未毕而人已死。因而有人评论说“外有轻刑之名，内实杀人”，“不忍残人肢体而忍杀人”，虽

有失偏颇，但也说明改革留下了后遗症。因此文帝的后继者景帝在此基础上又进行了进一步改革。

汉景帝有感于文帝规定的笞刑过重，受笞者即使幸免不死，也往往落下终生残疾，因而其改革主要针对笞刑进行，措施有二：一是减少笞数。景帝两次下诏减少笞数，第一次把笞五百减为笞三百，笞三百减为笞二百；第二次又把笞三百减为笞二百，笞二百减成笞一百。二是颁布法令，明确规定刑具规格、受刑部位和行刑程序。刑具笞杖用竹板做成，长五尺，宽一寸，末梢厚半寸，须削平竹节；笞打的部分为臀部，笞打过程中不得换人。这样就减轻了笞刑的强度，降低了笞刑对犯罪者身体的伤害程度，也减少了受笞刑而死的人数。由文帝开始的刑制改革，至此基本告成。

文景二帝的刑制改革虽然还不甚彻底，后来又出现了一些反复，肉刑中最残酷的一种——宫刑，也没有得到废除，但却是我国古代刑罚制度发展过程中一个重大的进步，对我国封建法律制度的发展有深远的影响。以残人肢体、损人机能、使人终身残废为特征的肉刑，本是奴隶制的刑罚，它在汉初的使用是奴隶制残余在刑罚制度上的反映。文景二帝废除肉刑，顺应了历史发展的趋势，有利于保护社会生产力，促进了生产的发展和经济的恢复，同时也使刑罚手段由野蛮残酷变得相对文明宽缓。改革后的汉朝刑罚以徒刑、笞刑为主体，从而为封建制五刑（笞、杖、徒、流、死）的确立奠定了重要基础。因此，文景二帝改革刑制，是我国古代法制史上具有划时代意义的事件，是由奴隶制五刑向封建制五刑过渡的重要标志。

这场刑制改革的指导思想可以说是“礼法并用，罪刑相称”，这接近于儒家的主张，说明文景时期，法律已经开始呈现出儒家化的征兆。而在此之前的诸多改革变法采用的都是法家的思想，最突出的是商鞅变法。商鞅本人就是法家的重要代表人物，他进行变法的

▲刑具 西汉

西汉时期，刑律较秦宽松，废除了一些比较残酷的刑法，在一定程度上缓和了阶级矛盾。

中国古代刑罚制度的演变

夏、商、西周、春秋	实施奴隶制五刑：墨、劓、刖、宫、大辟。
战国、秦	继续沿用奴隶制五刑，但劳役刑得到广泛使用。
汉	文景刑制改革，废除了墨、劓、刖等肉刑，但宫刑仍被继续使用。
魏晋南北朝	正式废除宫刑。
隋	确立封建制五刑：笞、杖、徒、流、死。
唐、宋、元、明、清（修律以前）	沿用隋确立的五刑。
清（《大清新刑律》制定后）	规定了近代刑罚制度，分主刑（死刑、无期徒刑、有期徒刑、拘役、罚金）和从刑（褫夺公权、没收）。

指导思想是法家所倡导的弃礼任法，轻罪重罚的理论。为什么对封建法律制度的改革会以不同的思想学派为指导呢？这是因为各个理论学说功能不同，因而各自适应不同历史阶段的需要。法家思想峻急，儒家思想迂缓；法家长于强硬的一面，易于进取，而儒家精于怀柔的一面，可以守成。商鞅等所处的战国时期为封建社会的开端，地主阶级面临着巩固新生的封建制度、打击奴隶制残余势力和实现国家统一的艰巨任务。那个血与火的时代靠武力说话，谁的拳头硬，谁就是胜利者，因而采用讲求功利性、注重增强国家实力的法家学说无疑是一种正确的选择。而汉朝时期，封建制度不仅已经牢固地确立起来，而且成为不可逆转的历史趋势。尽管封建王朝的统治者可能易人，但地主阶级专政的封建政权的本质却是不会改变的。在这样的历史条件下，统治者关注的是如何稳定和巩固统治，所以在指导思想上又开始向儒家倾斜。文景时期这种倾向已初露端倪，成为封建法律指导思想由法家转为儒家的过渡。到了汉武帝时期，大儒董仲舒主张以儒学为至尊，得到了武帝的采纳，中国古代的政治法律制度遂开始走上儒家化的道路。

"意善而违于法者免，意恶而合于法者诛"

——董仲舒与"春秋决狱"

▲董仲舒像

汉武帝即位后，董仲舒以"天人三策"上书，建议汉武帝"罢黜百家，独尊儒术"。儒家思想从此成为中国封建社会的正统思想。

在蒙昧时代，人们之间的纠纷主要依靠习惯、舆论和道德的力量来解决。人类进入文明社会以后，法律作为一种重要的调整社会关系的工具出现了。在判案量刑时，一般适用的都是法律，但是道德规范有时仍能发挥作用，运用道德规范判案的也不乏其例。我国西汉董仲舒（约公元前179～前104年）的"春秋决狱"就是一个典型。所谓"春秋决狱"，是指在审理案件时不用已有的法律条文，而是用儒家经义（即儒家所宣扬的伦理道德），特别是孔子修订的《春秋》一书中的"微言大义"，附会汉朝法律，作为审判的依据。董仲舒在判处232件案件后，总结自己的主张和经验，编成了一部《春秋决事比》（决事比是汉代的法律术语，指具有权威性的、在裁判中可以援引的判例）。其他的一些官员亦步亦趋，也在司法实践中运用《春秋》来分析处理案件。在董仲舒致仕退休后，廷尉张汤等还经常毕恭毕敬地跑到他居住的陋巷请求指点。"春秋决狱"盛极一时，此风一直沿袭到魏晋。

从下面这两个典型案例中，我们可以对"春秋决狱"有一个初步认识：

刑者德之辅，阴者阳之助也。

——董仲舒

甲本来没有儿子，抱路边的一个弃儿乙回家，抚养成人。乙长大后杀了人，回来把事情告诉了甲。甲为了使乙免受处罚，就把他给藏匿起来。按照汉朝法律的规定，对甲应以匿奸罪论处，判以重刑。但是董仲舒认为，按照《春秋》的精神，父子应该相容隐，所谓“父为子隐，子为父隐，直在其中也”。甲虽然不是乙的生父，但从小抚养其长大，两人的关系形同亲生父子，所以甲不应受处罚。

还有一个与之相反的例子。甲把儿子乙自小送人，乙长大后，有一次甲喝醉了酒，就告诉乙说：“我是你父亲。”乙很生气，就打了甲。依照法律，殴打父亲要处以死刑。董仲舒却说乙不该被判有罪，因为甲未对儿子尽到做父亲的责任，两人并无父子恩义可言。

从这两个例子可以看出，春秋决狱的核心是“论心定罪”，也就是说，要以人们的主观动机是否符合儒家所倡导的礼义标准来决定刑事责任的有无与轻重。董仲舒说：“《春秋》之听狱也，必本其事而原其志。志邪者不待成，首恶者罪特重，本直者其论轻。”意思是，按《春秋》的精神来判案，必须要根据犯罪事实来考察人们的主观动机。动机邪恶的人即使没有着手实施犯罪或者犯罪没有得逞也要受惩罚；共同犯罪中的主犯要予以重罚；如果动机纯正，主观上没有恶念，即使造成了损害结果，也应当免刑或从轻处断。后来的儒士桓宽对此作了更为经典的总结：“春秋之治狱，论心定罪，意善而违于法者免，意恶而合于法者诛。”明确声称，符合儒家精神的，即使违反了法律也可以得到赦免；与儒家精神相悖的，哪怕是符合法律规定亦要受处罚。其实秦朝时也有所谓的“论心定罪”，不过二者内涵迥异。秦律中的“论心定罪”指考察犯罪者主观上有无过错，即有无犯罪意识，没有过错则不为罪。如某人替他人销了赃，但主观上并不知道是赃物，就不以犯罪论。春秋决狱中的“论心定罪”则是以儒家经义为尺度，看行为人的言行是否符合儒家所宣扬的善恶标准。

春秋决狱的产生和流行并非偶然。汉朝到了武帝时期，社会经济已经获得了很大的发展，国力已经比较雄厚。汉武帝最关心的就是如何建立起一套严密的区分贵贱、尊卑、上下、亲疏的封建等级秩序，巩固四海一统的形势。大儒董仲舒不失时机地提出了“《春秋》大一统”的政治学说，并由此建议“罢黜百家，独尊儒

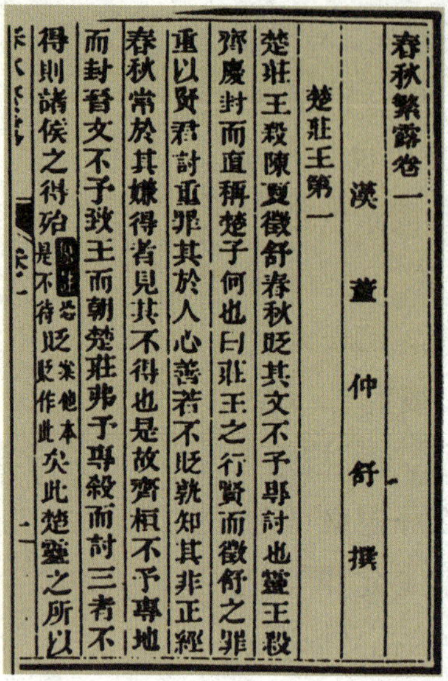
春秋繁露卷一

漢 董 仲 舒 撰

楚莊王第一

楚莊王殺陳夏徵舒春秋貶其文不予專討也靈王殺齊慶封而直稱楚子何也曰莊王之行賢而徵舒之罪重以賢君討重罪其於人心善若不貶孰知其非正經春秋常於其嫌得者見其不得也是故齊桓不予專地而封晉文不予致王而朝楚莊弗予專殺而討三者不得則諸侯之得殆[illegible]矣此楚靈之所以

▲董仲舒著《春秋繁露》书影

术”，得到了汉武帝的赏识和采纳。儒学遂上升为学术正宗。但是，由于汉承秦制、汉承秦法，汉朝的法律仍然带有法家深深的烙印，这就出现了一种极不协调的局面。然而，要改造法家化的法律并非朝夕之间的事，于是董仲舒就选择了司法领域作为突破口，将儒家的精神原则注入司法活动之中，迈开了法律儒家化的第一步，春秋决狱因此应运而生。汉武帝将儒学定为正统思想后，大批儒生得到提拔，进入仕途，参与司法。他们没有像秦朝的官员那样经受过法律教育，而作为成文法载体的工具又还是笨重的竹木简，检索不便。这些儒生们很自然的就以自己所擅长的儒经来议论、裁决案件，所以春秋决狱风行一时。

决断事情的规则应当是具体的、确定的，而儒家的经典则是抽象的、原则的。特别是被汉儒们奉为最高权威的《春秋》，是孔子有意把自己观点隐藏于字谜之中的晦涩之极的著作，极易穿凿附会，任意解释。运用《春秋》来裁决案件，对同一案件可以援引不同的语录例证来作出不同的判决，随意性很强，章太炎就说：“汉儒者往往喜舍法律明文而援经诛心以为断。”春秋决狱的这一特点，容易导致它在司法实践中的滥用。官员们可以借口思想不良而杀害无辜，也可以用动机善良为由来保护犯罪，这就无可避免地会造成司法的混乱。而且，春秋决狱的方式把儒家经义置于法律之上，是对国家法律权威的蔑视，难免造成“人治”局面的出现。

但是春秋决狱也有一定的合理因素。它强调情理道德的作用，在处断案件时综合分析与罪行有关的各种要素尤其是人们主观上的善恶，根据不同的情形灵活处理，这就在一定程度上弥补了法律的僵化。比如杀人者死是确定不移的法条，但杀人的具体情形有千千万万，有为泄私愤而杀人的，也有纯粹出于公心而杀人的，有动机特别卑劣的，也有杀人之起因堪怜的，一概而论显然不恰当。这时，适当地考察杀人者的主观因素以决定罪行的轻重无疑是可取的，但是不能逾越法律的规定，破坏法度。

父为通奸杀子案

——“准五服以制罪”的确立

清代的案例汇编《刑案汇览》记载了这样一个案件：

吴大文和查传贵的妻子杨氏通奸，查传贵趁机勒索吴大文，纵容他和自己妻子的苟合。吴大文的二儿子吴延华对父亲和查传贵的行为很不满，屡次讥笑查传贵，还在乡邻中大加传播，地主知道后就让吴大文退佃搬迁。吴大文劝查传贵夫妻同往竹山居住，但吴延华仍与查传贵争吵不断，查传贵就想搬走。吴大文担心以后不能与杨氏继续通奸，遂对吴延华产生了歹意。他找查传贵商量好，两人串通把吴延华诱骗到一个僻静的地方，乘吴延华不备，吴大文从吴延华身后抓住其发辫，用刀连砍其脖子和耳根数下，并割断其喉咙，吴延华顷刻毙命。

竣礼教之防，准五服以制罪。

——《晋律》

这确实是一个骇人听闻的故事。吴大文为了满足自己的淫欲，竟然凶残地杀死亲生儿子，真是丧尽天良；查传贵纵容其妻与人通奸，还协助奸夫行凶杀人，简直禽兽不如。然而，令现代人最为诧异的恐怕还是此案的判决结果：查传贵被判处流刑，吴大文却被判处轻于流刑的徒刑。人们禁不住要问，作为主犯的吴大文对其子死亡的罪过显然要比查传贵大得多，为什么在处刑上反而比作为从犯的查传贵轻？难道是官员收受贿赂，枉法裁判？其实，审理案件的官员完全是依法办事的，那么当时的法律规定究竟是怎么样的呢？难道会有法律作出主犯的刑罚应轻于从犯的荒唐规定？要解开这个疑团，还得先从古老的五服制度说起。

五服中的“服”指丧服。五服制度是中国古代以亲属死亡后为

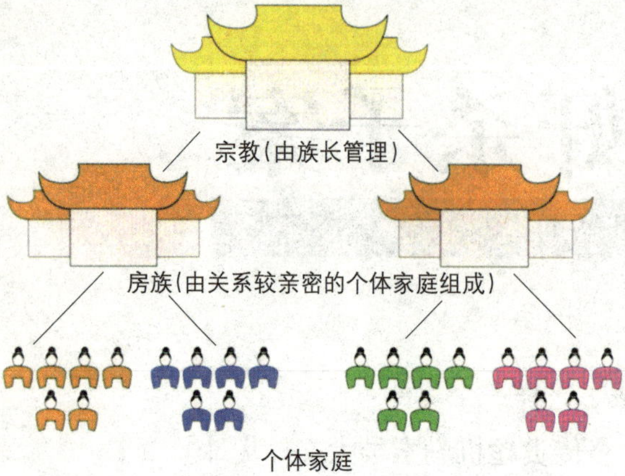

其服丧的轻重为标志，来表示亲属关系亲疏远近的制度。按古代礼制，亲属之间如有人死亡，其他亲属要服丧，依据服丧期限的长短、丧服质地的粗细和服丧期间应遵循规则的不同，将服制分为斩衰（服丧三年）、齐衰（服丧一年）、大功（服丧九个月）、小功（服丧五个月）、缌麻（服丧三个月）五等，故称"五服"。五服制度以丧葬礼制为表现形式，准确地标记出血缘关系的亲疏远近、尊卑上下，包含了丰富的伦理内容，因而向来为以维护纲常名教和亲疏尊卑的伦常秩序为己任的儒家所重视。汉朝以后，儒家占据了封建正统思想的宝座，法律逐渐儒家化。到了魏晋南北朝时期，政权更迭频繁，法律的修改、废立亦是常事，而修律的任务大都是由一批深受儒家思想熏陶的文人们完成的。于是他们把握时机，以大刀阔斧的方式为所欲为，有更多的机会尽量将儒家精华——礼——杂糅在法律条文中，一直到法律全部为儒家思想所支配为止，这就使儒家的主张得以进一步向法律之中渗透。其中尤为突出的是西晋《泰始律》（通常简称晋律），晋律由杜预、郑冲、贾亮等14人制定。这些名儒制律，自然以儒家经典为主臬，他们在晋律中首创"准五服以制罪"，正式将服制的因素纳入定罪量刑之中，开后世依服制定罪之先河。

"准五服以制罪"是处理亲属相犯时刑事责任承担的基本原则。其内容是：1.亲属间相犯只限定在五服以内，超出此范围为常人相犯。2.亲属间相犯的构成和处罚与常人的标准不一样。罪与非罪，如何处罚，要根据亲疏远近的五服等级来确定。五服范围内的亲属相犯，以常人相犯的处罚为基准，对以尊犯卑者的处罚愈轻，对以卑犯尊者的处罚愈重，且服制愈近，加重或减轻处罚的幅度也愈大。这充分体现了儒家所倡导的"父为子纲"、"夫为妻纲"的伦理纲常思想，强调了上下、尊卑、贵贱、亲疏的封建等级秩序。"准五服以制罪"在法律中确立后，官员们判案都要先查明当事人之间的关

▲五服制度是建立在封建宗族制度基础上的。此图分析了宗族制的社会组织关系，在古代，一个人的身份地位主要来源于其宗族的势力。

系，看是否属于五服以内的亲属，再据以决定刑之加减。这一制度影响非常深远，后世历代法典都予以沿用，明清时更是将丧服图置于律首。

了解了上面这些，就不难解释吴大文杀子一案判决作出的缘由了。在人伦关系中，父子关系被认为是最亲最近的。父亲死亡，做子女的要服三年之丧，是服制中的最高一等的斩衰，因而父与子的尊卑差别也是最大的。这样，按照“准五服以制罪”的原则，父子之间的杀伤，罪行相差也最大。在古代，人们把父亲看做子女的“天”，子女若杀伤父母，则是犯下了不可饶恕的滔天罪行，要受到最严厉的处罚。在汉代，杀父母是头等大罪，要处以弃市（在人群聚集的闹市执行死刑并曝尸三天）之刑；晋律规定，殴打、杀伤父母者要枭首（斩首后将首级悬挂起来示众）；唐律中谋杀父母属“十恶”大罪之中的“恶逆”，要迅速处决，并不得宽宥；自宋代以后，杀父母者都要处以千刀万剐的凌迟刑（用利刃零割碎剐肌肤，使受刑人在极端痛苦中慢慢死去），十分酷烈。除杀伤外，子女对父母的哪怕是微小的侵犯也构成严重犯罪。而父母既为子女之“天”，拥有天然的训诫、督责和惩戒的权力，在某种程度上可以说是握有生杀大权。父母以法律承认的借口，如违反教化等将子女打成重伤或死亡是不追究刑事责任的，即使出于不良动机而戕杀自己的骨肉，所承担的刑事责任也微乎其微，较一般的杀伤要轻得多。

“准五服以制罪”的确立是为了维护儒家所宣扬的“三纲五常”的伦理道德，虽然与现代法律所要求的公正、平等背道而驰，但却是符合传统法律的内在精神的，这是中国传统法律和现代法律的重大分野之一。

知识点击

三纲五常

三纲指君为臣纲、父为子纲、夫为妻纲，要求为臣、为子、为妻者绝对服从于君、父、夫。五常指仁、义、礼、智、信，是用以调整君臣、父子、兄弟、夫妇、朋友等人伦关系的行为规范。纲常的实质是道德、伦理、政治的一体化，因其具有适应与维护传统的政治功能而得到了历代统治者的大力提倡，并在政治、法律制度以及文教举措中得到了充分的体现。纲常在法律之中的渗透，使中国传统法律呈现出浓厚的宗法伦理特征。

官贵犯法，不与庶民同罪

——八议、官当与中国古代的特权法

东晋成帝时，卢陵太守羊聃脾气暴戾，为非作歹，滥施刑杀。在简良一案中，他徇私枉法，冤杀无辜达180人之多。有官员向成帝上奏，称其罪当处死，但由于景献帝皇后是羊聃的祖姑，最后竟然免其一死。

诸八议者，犯死罪，皆条所坐及应议之状，先奏请议，议定，奏裁；流罪以下，减一等。

——《唐律疏议》

南朝陈代时，建宁郡有个县令程滔犯了贪赃罪，本来被判处徒刑三年，但最终的结果却是，他以头上的乌纱抵掉了两年，又用金钱赎掉了剩下的一年，居然完全不用服刑。

类似的故事人们在历史书和戏剧中可能已经屡见不鲜，见怪不怪了。人们会认为，古代的官贵犯法，总能得到特别的优待，因为古代并不是一个依法办事的社会，宽宥和免除刑罚都是很随意的。但是，“官贵犯法，不与庶民同罪”，在中国古代其实是有法律依据的，这就是所谓的“八议”和“官当”。

▼中国古代县官升堂审案的场景。由于有“官当”的保护，很多官吏在审理案件时，漫不经心，恣意妄为。

蕴含“刑不上大夫”原则于其中的“八议”和“官当”制度都出现于魏晋南北朝时期，也是法律儒家化的重要表现之一。如果说“准五服以制罪”集中反映了中国古代法律的伦理法特征，那么“八议”和“官当”则突出地体现

五岁、四岁刑，若有官，准当二年，余并居作。其三岁刑，若有官，准当二年，余一年赎。

——《陈律》

了中国古代法律的另一个重要方面——特权法的性质。

“八议”是指封建贵族官僚中的八种人犯罪后，享有减免刑罚处分的特权制度。具体包括：1.议亲，指皇亲国戚；2.议故，指皇帝的亲密故旧；3.议贤，指朝廷认为“有大德行”的人，如其言行可供人效仿的贤人君子；4.议能，指具有杰出的政治、军事才能的人；5.议功，指为封建王朝建立过卓著功勋的人；6.议贵，指一定品级以上的官员以及有一定等级爵位的人；7.议勤，指为封建国家勤劳服务的人，如日夜操劳、恪守职责的将军；8.议宾，指被尊为国宾的前朝国君的后裔。上述八种特殊人物犯罪，司法官员不能直接定罪判刑，而要将其犯罪情况和特殊身份报到朝廷，由负责官员集体审议，提出意见，报请皇帝裁决，给予宽宥处理。一般情况下死刑均能免除，其他的刑罚则可以降等处理。

“八议”入律，始于曹魏的《新律》。同晋律一样，魏律的编修者陈群、刘邵等也是当时的名儒。陈群出于颍川世家，自幼受儒家学说的教育，精通经典，主张崇德布化，其奏疏中动辄引用《周礼》、《诗经》。刘邵长期执经讲学，对礼乐经典也有精湛研究。《新律》在他们的编纂下，吸收了不少儒家学说的内容，关于“八议”的规定就是魏律儒家化最明显的标志。自魏律确立“八议”制度后，隋唐又加以进一步完善，以后各朝都相沿不改。

“官当”，就是以官阶来抵偿部分或全部刑罚的制度。也就是说，在封建制度下，有罪的官僚们可以用他们担任的官职作为交换条件，逃避或者减轻法律对他们的惩罚。“官当”作为一种制度最先出现在晋律当中，晋律规定免除官职可以折抵三年的徒刑。此后南朝时的《陈律》正式出现了“官当”之名，规定“五岁、四岁刑，若有官，准当二年，余并居作。其三岁刑，若有官，准当二年，余一年赎”。意思就是说，官僚们如果被判四年或五年刑，可以用官阶抵偿两年，其余的刑期还得服满；如果被判三年，可以用官阶抵偿两年，余下的一年就可以用金钱来赎了。这正是被判了三年徒刑的程滔可以连一天刑都不用服的原因。但是《陈律》在规定以官抵罪时并没有区分官品的高下，后世的隋、唐、宋弥补了这一疏漏，形成了较为完善的制度。明清时君主专制空前膨胀，法律不再有“官当”的规定，但官贵们犯罪实际上仍能享有各种优待。

“八议”和“官当”的出现，使对贵族官吏的犯罪处罚能够大事化小，小事化无，以致使犯罪者完全逍遥法外。而这一切均是在合法的旗号下进行的，是封建特权法的典型反映。中国古代的法律是特权法，意味着其内容贯穿着不平等的精神和原则，按照人的不同身份、不同社会等级来确定相应的法律地位，是宗法等级社会的必然产物。中国古代社会是以宗法关系为维系纽带的，各项制度的设计与运作都基于宗法观念而产生。而传统宗法观念的核心，即是认为社会成员有高低贵贱的等级区别，不同等级的人享有不同的权利，承担不同的义务，每一等级的人都必须严格遵守，不能逾越。这就是所谓“礼不下庶人，刑不上大夫”的来源。按照宗法等级制的要求，作为社会最上层的贵族和官僚，当然应该享有一定范围的、高于其他人的、专属于他们这一阶层的权利。礼的等差性和法的公平性奇妙地结合在一起，产生了特权法这样一个怪胎。

封建特权法的出现，也是出于君主巩固其统治的需要。君主的统治要维系下去，就必须依赖一个服从与效忠他的贵族官僚集团，因此君主必须要采取一些笼络的手段，给予他们一定的优惠。将官贵们的特权用法的形式明文确定下来，无疑是一个非常行之有效的方法。

现代社会已经消灭了等级制度，“法律面前，人人平等”成为一项庄严的宪法原则，在法律规定上当然是不会再留有特权法的痕迹了。但是，很多人的观念深处却还受着封建特权思想遗毒的侵蚀，实际生活中也时常可以见到特权的影子。在当今的社会，贵族当然已是无处可寻了，但官员还大量地存在。某些官员触犯刑法，或被开除党籍，或被降职免职，或被调离原岗位，之后司法机关就认为“已作处理”，不再追究其法律责任了。这种情况，不能不让人联想起古代的以官抵罪的“官当”制度来。使“法律面前，人人平等”的原则切实得到贯彻，实现真正意义上的法治，我们还有很长一段路要走。

镌刻在石柱上的传说

——楔形文字法的代表《汉谟拉比法典》

古巴比伦王国位于两河流域，其疆域大体位于今天的伊拉克。公元前1792年，汉谟拉比成为古巴比伦国王。他是一位很有才干的君主，勤于朝政，关心农业、手工业和商业的发展，使巴比伦日益强盛，最终统一了两河流域，建立起强大的奴隶制帝国。

▲苏美尔楔形文字的泥版

这块插在泥封中的泥版文书记录的是一桩诉讼案：一名叫阿般的人和他的妹妹白塔提分割财产。这桩诉讼案由公元前18世纪的国王尼克美帕判决。

在统一以前，两河流域各城邦都有自己的习惯法和成文法，并且差异很大，为了消除法律不统一的混乱局面，汉谟拉比决定制定一部通行于全国的法律。他吩咐臣下研究吸取两河流域各城邦法律的精华，结合本国的实际情况编制一部法典，并下令把法典刻在石柱上，竖立在巴比伦马都克大神殿里，以使众人皆知，一体遵循。后来埃兰人攻占了巴比伦，便把刻着《汉谟拉比法典》的石柱作为战利品带回到了国都苏萨。这就是这部法典为什么会在苏萨遗址中被发现的原因。

《汉谟拉比法典》分为序言、正文和结语三部分。序言部分大肆宣扬汉谟拉比王的功绩，声称他是奉了神的旨意来治理国家、统治人民的，表现出浓厚的“君权神授”色彩，与石柱的上

当这时候，安努与恩利尔为人类福祉计，命令我，荣耀而畏神的君主，汉谟拉比，发扬正义于世，灭除不法邪恶之人，使强不凌弱，使我有如沙马什，昭临黔首，光耀大地。

——《汉谟拉比法典》

（注：安努：天神；恩利尔：地神；沙马什：太阳、光明及审判之神）

▲**汉谟拉比法典碑 古代两河流域 公元前18世纪**
这块玄武岩石碑发现于1901年，是古巴比伦时期的作品，上端以浮雕的形式表现太阳神授权于汉谟拉比的情景，下半部分镌刻着楔形文字的法典条文，全面地反映了古巴比伦王国的社会状况，是古代第一部完整保存下来的成文法典。

半部分浮雕正好相照应。正文共有282条，基本结构为：第1～5条：法院与诉讼；第6～126条：财产关系；第127～193条：婚姻、家庭和继承；第194～227条：损害赔偿；第228～282条：劳动和劳动工具。正文部分涉及民事、刑事、诉讼等领域的基本问题，比较全面地反映了当时的社会情况。其内容之丰富，体系之庞大，在人类早期法中实属罕见。在结语部分，汉谟拉比告诫后人要严格遵守这部法典，不得曲解、变更和废除，否则要遭受神的惩罚。

《汉谟拉比法典》是一部典型的奴隶制法典，其突出特点是确立了社会各阶层不同的法律地位，以维护奴隶制的统治秩序。法典将巴比伦居民分为自由民（包括奴隶主和一般自由民）和奴隶两部分，不仅奴隶主和奴隶之间地位不平等，自由民内部也有不同的等级。奴隶被称为瓦尔杜姆（意为“卑贱者”），不被当做人看待，在法律上没有任何权利，仅仅被视为奴隶主的财产。奴隶主对奴隶可以任意处置，买卖、抵押、赠予、租赁，甚至杀死。法典又规定，杀死或损伤他人的奴隶，只需向主人承担财产责任。比如奴隶被殴打致死，加害者只需要向主人赔偿1/3明那银子，约等于一头牛的价格。相反，法典对奴隶反抗的压制却是极为严苛的。奴隶如果不承认他的主人，只要主人拿出他是自己奴隶的证明，这个奴隶就要被割去双耳；任何人帮助奴隶逃跑或藏匿逃亡奴隶，都要处死；法典甚至规定奴隶打了自由民的嘴巴也要处以割耳的刑罚。

在自由民内部，不同等级的社会法律地位及权利义务也是不同的。自由民分为两个等级，上层叫做阿维鲁（意为“丈夫”），是具有巴比伦公社社员资格的人，包括国王、大臣、僧侣、贵族，也包括自耕农和手工业者，他们享有完全的权利。但是有的自耕农和小生产者可能因为还不起债而随时沦为债务奴隶。下层叫做穆什根奴（意为“小人”或“顺从者”），是指失掉了公社社员资格或外来的、依附于王室经济的人。穆什根奴在法律上的地位比阿维鲁低，但是

知识点击

楔形文字法

楔形文字法是指古代西亚两河流域的早期居民创造的、以楔形文字镌刻而成的奴隶制法的总称。楔形文字是起源于古代西亚两河流域南部的一种古老文字，因字型上粗下细，形同木头楔子而得名。楔形文字法产生于公元前3000年左右，到公元前6世纪，随着新巴比伦王国的灭亡而逐渐走向消亡。楔形文字法中的《乌尔纳姆法典》是迄今所知人类历史上最早的一部成文法典。古巴比伦王国第六代国王汉谟拉比制定的《汉谟拉比法典》是楔形文字法的典型代表。

由于某些穆什根奴跟王室有密切联系，因而实际上也享有很多特权。因此，阿维鲁和穆什根奴的上层是奴隶主阶级，其下层则常常分化为奴隶。

《汉谟拉比法典》的另一个显著特点就是其规定的刑罚带有某些氏族制度的残余，体现出一定的原始性和野蛮性。古巴比伦王国中有大量的自由民，对自由民内部侵犯人身的行为，法典规定实行同态复仇和血亲复仇的原则。同态复仇，通俗地说就是"以牙还牙，以眼还眼"。比如，两个自由民打架，一方被打断了腿，就要把对方的腿也打断；被打掉了牙齿，就要敲掉对方的牙齿；被打瞎了眼睛，对方就要同样以被打瞎眼睛作为赔偿。血亲复仇则更为野蛮，是要让犯罪者的亲属或所在的公社负连带责任或代为承担责任。比如法典规定，如果房屋因建筑结构不坚固而倒塌，压死了房主的儿子，那么建筑师就得拿自己的儿子抵命；如果抓不到盗窃犯，则盗窃发生地点或者其周围的公社及长老就应当赔偿受害人的损失。不过同态复仇和血亲复仇只适用于地位平等的自由民内部，对奴隶则是不适用的。伤害奴隶所需要承担的责任微乎其微，至多赔偿一点钱财了事。

除了社会等级和刑罚原则以外，《汉谟拉比法典》在财产、债务、婚姻家庭、法院组织和诉讼等方面都有比较详备的规定。依靠着这部法典，汉谟拉比时代的巴比伦社会，成为古代东方统治最严密的奴隶制国家。

现在，镌刻着《汉谟拉比法典》的石柱存放在巴黎市中心的卢浮宫里，每当游客们经过瞻仰之时，这根石柱就好像在默默向人们讲述着那个近4000年前的古代社会里的故事，讲述着汉谟拉比王的丰功伟绩。

地震后泾渭分明的灾民帐篷区

——古印度法中的种姓制度

2001年1月26日，印度西北部的古吉拉特邦发生里氏6.9级的地震。但是，灾民们并没有乱成一团，以拉孔德镇为例，该镇无家可归的灾民，依照五个不同种姓和少数民族伊斯兰教徒的区别，分住在六个泾渭分明的帐篷区。每当救援团体出现在当地，要发放毛毯等救济物资时，镇领导人就得提出六份灾民清单。发放物资也是按照六个帐篷区的不同顺序来进行的，要确保地位高的种姓群体先获得救助，虽然这样可能使位居最下层的贱民拿不到救济物资。救援人员不由慨叹："地震震垮了房舍，却无法撼动无形的种姓制度。"

种姓制度是印度社会特有的一种等级制度，追根溯源，已经有3000多年历史了。

印度的土著居民本是达罗毗荼人。公元前1500年左右，属于印欧语系的雅利安人入侵印度河流域，征服了达罗毗荼人。两个种族之间的对立，使种姓制度开始萌芽。后来，随着雅利安人内部的贫富分化，约在公元前11世纪，雅利安人逐渐分裂为婆罗门、刹帝利和吠舍三部分，而达罗毗荼人则演变为首陀罗，种姓制

◀婆罗门教主神梵天

梵天创造世界，有四脸四臂，能眼观四面八方，是至高无上的神。图中的他骑在一只野鹅上，飞翔的野鹅象征着灵魂的解放。印度的法律制度也深深打上了婆罗门教的烙印，种姓制度的建立就与梵天的传说有关。

度初步形成。

▲ 一支“贱民”（甘地称其为“上帝的子孙”）游行队伍公开反抗种姓制度。甘地为了帮助印度底层人民争取应有的政治权利，曾公开绝食。

种姓制度能够进入法律，还与婆罗门教有关。约公元前 7 世纪，婆罗门教在印度兴起并很快发展为国教，印度社会的政治、经济、文化、法律，无不深深打上了婆罗门教的烙印。婆罗门教的基本教义有两个方面，一是宣扬善恶有因果，业力有轮回；二是声称万物皆为造物主“梵天”所造，但各个种姓是梵天用身体的不同部位生出来的，高低贵贱迥然不同。为了表示对“梵天”的敬畏和服从，就必须竭力维护种姓制度。

由于婆罗门教成了国家的统治支柱，其祭司遂成为国家法律的制定者和执行者，其教义也变成了国家法律的主要内容。婆罗门教祭司们将教义编成“法经”、“法典”等，用法律形式将种姓制度固定下来。其中最为著名的一部法典是《摩奴法论》，它是印度法制史上第一部较为正式的法律典籍，全面地阐述了婆罗门教的教义，详细规定了种姓制度的具体内容。

按照《摩奴法论》的规定，印度人分为四个种姓：婆罗门、刹帝利、吠舍和首陀罗。最高种姓婆罗门是祭司种姓，他们是梵天从口中生出来的，所以最高贵、最洁净，肩负着最崇高的职责——学习和传授婆罗门教经典；第二等的刹帝利是从梵天的双臂生出的，最有力量，所以掌握着军政大权，为武士种姓；第三等吠舍从梵天腿中生出来，最为勤劳，从事农业、商业和手工业等，是古代印度社会中的普通劳动者，属于平民种姓；最低一等的首陀罗是从梵天

为了诸界的繁荣，他（梵天）从嘴、臂、腿和脚生出婆罗门、刹帝利、吠舍和首陀罗。

——《摩奴法论》

脚下降临到世上的，最低下也最肮脏，唯一的任务就是温顺地侍奉前面的三个种姓。首陀罗从事的都是低贱的职业，多数为奴隶。各个种姓世袭，互不通婚，因而形成了封闭的四大集团。种姓之间等级极为森严，不得同桌而食、同井而饮、同席而坐和同街而居。在原始的四大种姓之外还有一类特殊的人，称为“贱民”，或叫不可接触者，也有人称之为第五种姓。贱民主要由被开除出种姓的人和不同种姓的男女婚配所生的子女构成，地位比首陀罗还低，只能从事最低贱的职业，如抬死尸、清除粪便等。

社会地位的差异，导致了《摩奴法论》中规定的各种姓的法律权利也截然不同：

1.所有权方面，法典首先确认婆罗门是人世间一切的主宰，由于其出身高贵，所以有资格享有一切。而首陀罗除了维持生计的生活资料外，无权积累私人财产，婆罗门和刹帝利有权夺取首陀罗的一切。

2.债法方面，法典对高等种姓的债权债务给予特别的照顾，规定当债务人不履行债务时，如果债务人和债权人属于同一种姓或者债务人比债权人种姓低，债权人就可以把债务人收为债务奴隶；但如果债务人的种姓高于债权人，就不能以劳动偿债，而是享有逐年偿还的权利。

3.婚姻、家庭和继承方面，为了维护种姓的纯洁，法典规定不同种姓不得通婚。但实际上高级种姓的男子可以娶低级种姓的女子

▲森严的种姓制度

印度的种姓制度沿袭了许多世代，而且越来越复杂，演变出了数以千计的亚种姓。“萨蒂制”产生于种姓制度。“萨蒂”印度语意为“寡妇自焚为丈夫殉葬”，如图所示。

为妻，婆罗门男子可以依种姓顺序娶四个妻子，刹帝利男子可以在同种姓和吠舍、首陀罗中娶三个妻子，吠舍男子可以娶同种姓和首陀罗中的两个妻子，而首陀罗男子只能娶首陀罗女子为妻。不过低级种姓的男子是绝对不允许娶高级种姓的女子为妻的，否则其后代就会沦为贱民。

继承制度也直接与种姓制度挂钩，不同种姓的继承人可继承的财产份额各不相同。依法典规定，如果一个婆罗门娶了依顺序属于四个种姓的妇女，且都各有其子时，财产分配的原则应是：婆罗门妇女之子得四份，刹帝利妇女之子得三份，吠舍妇女之子得两份，首陀罗妇女之子只得一份。

4.刑罚方面，不同种姓的同罪异罚现象十分明显。高等种姓侵犯低等种姓可以减轻处罚，而低等种姓侵犯高等种姓则要加重处罚。比如法典规定，刹帝利辱骂了婆罗门，要罚款100帕那（银钱单位）；如果是吠舍骂了，就要罚款150帕那到200帕那；而要是首陀罗骂了，就要用滚烫的油灌入他的口中和耳中。相反，如果婆罗门侮辱刹帝利，只罚款50帕那；侮辱吠舍，罚款25帕那；侮辱首陀罗，罚款12帕那。高级种姓的人伤害低级种姓的人，尤其是婆罗门伤害首陀罗，惩罚是很轻的。但对低级种姓冒犯高级种姓的刑罚处置却残酷而野蛮，如首陀罗若在婆罗门面前放屁，会被切去肛门；如果他抓婆罗门的头发、胡须或脖颈，就会被斩断双手。

种姓制度在印度历史上延续了几千年，经过长期演变，越来越复杂，在四个原始种姓和贱民内部，又出现了数以千计的亚种姓。这一制度严重阻碍了印度社会的发展和进步。印度作为四大文明古国之一，发展却一直比较迟缓，这与种姓制度有莫大的关系。印度独立后，政府宣布在法律上废除种姓制度，但这一制度在社会中已根深蒂固。直至今天，印度仍然保留着种姓制度的残迹，受压迫受剥削最深的贱民达几千万人。要完全清除种姓制度的遗毒，踏入文明社会的轨道，印度人民任重而道远。

延伸阅读

古印度法

古代印度是宗教社会，因而古印度法和宗教密切相关。古印度法最初是婆罗门教法，公元前6世纪前后，反对婆罗门种姓特权的佛教兴起并在公元前3世纪被定为国教，佛教的经典“三藏”成为古印度法的重要渊源，但婆罗门教的影响仍存在。到公元6世纪，佛教衰落，经过改革的婆罗门教（即印度教或新婆罗门教）再次成为国教。古印度法除佛教法以外，基本都贯穿着种姓制度，所以有人称之为“种姓法”。

“雅典第一诗人”的功绩

——梭伦改革

▲梭伦像

公元前594年的一天，在古城雅典郊外，农民们纷纷奔走相告：“梭伦颁布新法律了，我们抵押掉的土地可以收回来了！我们再也不会去给贵族当奴隶了！”大家都面露喜色，匆匆赶去拔除那些竖立在田地里的记债碑。梭伦是谁？这究竟是怎么回事呢？

梭伦是古希腊的著名人物，他聪明博学，爱好写诗，有着“雅典第一诗人”的美誉。不过，真正使他名垂青史的，不是那些美丽动人的诗篇，而是他领导一场轰轰烈烈的立法改革运动的伟大功绩。

梭伦改革之前的雅典正处于一场严重的危机之中。一方面，氏族贵族凭借特权大肆侵占公有土地，又利用高利贷等剥削手段不断兼并小农的土地。小农大都欠了贵族的债，只得用自己的土地作为抵押，并替贵族耕种土地，变成了“六一汉”（收成的六分之五给贵族，自己只拥有六分之一）。尤为严重的是，如果收成不够交纳利

我拿着一只大盾，保护两方，不让任何一方不公正地占据优势；我制定法律，无贵无贱，一视同仁。

——梭伦

▲这幅绘画表现了梭伦改革前夕，雅典贵族展开激烈辩论的场面。在尖锐的社会矛盾的压力下，贵族们不得不出让自己的部分权益，推举梭伦主持变法。

息，贵族就会把小农抵押的土地据为己有，并把小农变为债务奴隶甚至变卖到国外。这种情况使贵族和一般农业平民的矛盾极度尖锐，社会动荡不安。另一方面，因为雅典是个沿海城邦，发展工商业有得天独厚的优势，部分经营工商业的平民经济实力逐渐壮大起来。但氏族贵族的土地兼并和债务奴役使平民的购买力十分有限，国内市场狭小，从而严重阻碍了工商业经济的进一步发展。同时，工商业平民还因自己出身低微而被排除于政权管理层之外，受到贵族的压制和歧视。平民们强烈要求改变现状，结果在雅典出现了平民起来反抗贵族的斗争局势。到公元前6世纪初，雅典社会已潜藏了爆发大规模内战的危机。梭伦正是在这种剑拔弩张的形势下，于公元前594年被推举为雅典的执政官，开始了一场意义非凡的立法改革。

梭伦出身贵族，但是他深切同情平民的疾苦，又因为年轻时曾经过商，政治上也很倾向于工商业阶层。他是作为贵族和平民共同的理想人选被推向政治舞台的，肩负着“仲裁人”的协调使命。因此，他的改革是以公正、不偏不倚为理论基础，以达到公民集体内部各阶层利益的平衡为追求的，这决定了他的改革必然带有民主化的色彩。梭伦素以擅长写诗而著称，他在诗篇中也写道：“我拿着一只大盾／保护两方／不让任何一方不公正地占据优势／我制定法

律／无贵无贱／一视同仁”，字里行间闪烁着公正和民主的火花。

在公正思想的指导下，梭伦制定了一整套法律，推行了一系列政治经济改革，把民主的精神引入了雅典这个原来完全实行贵族政治的城邦：

1.为满足农业平民摆脱债务奴役的渴望，梭伦颁布解负令，宣布拔除土地上的记债碑，作为债务抵押品的土地无偿归还原主，禁止人身奴役和买卖奴隶，因债务而抵押为奴的人一律恢复自由，被卖身到外国为奴的人则由国家出钱赎回。债务奴隶制的废除，改善和巩固了农民的经济地位而打击了氏族贵族的经济势力，调整了自由民内部平民与贵族的关系，扩大了雅典奴隶主阶级统治的社会基础。

2.为照顾平民、尤其是工商业平民在政治上的要求，梭伦对任官制度进行了改革。他按财产多寡把雅典公民分为四个等级，不同等级的公民享有不同的权利和义务。前三个等级可以担任官职，其中第一等可以担任国家的最高官职，二、三等可以担任一般官职。这样的规定并未实现公民之间的真正平等，但它打破了按出身门第来确定政治权利的习俗，使财产与权利相结合，从而使非贵族出身的富裕平民也可以步入仕途了。除了改革官制外，梭伦还调整了国家的组织形式和职能，增设新的政治机构，以打破贵族专权的局面。首先，他提高了公民大会的地位，赋予它决定国家重要事务的权力，

▲在这幅体现运行中的民主政体的艺术作品中，传说中的希腊武士正在雅典娜的监视下用石子儿投票表决。

知识点击

雅典宪法

雅典宪法与雅典民主政治紧密相连，是经历了一系列旨在推进民主政治的立法改革之后逐步形成的。因为这些立法相当于后世的根本法，所以赢得了“雅典宪法”的称号。“梭伦宪法”是“雅典宪法”的开端，“雅典宪法”还包括梭伦之后的克里斯提尼、阿菲埃尔特、伯里克利时期的立法。

并规定全体公民都有参加大会并发言和投票选举的权利。从此，以前享受不到公民权利的平民，现在也能在公民大会里听到其声音了。其次，新设400人议事会，作为公民大会的常设机构，实际执掌最高政权，剥夺了原贵族会议——战神山议事会的一部分行政权。最后是首创了公民陪审法庭，作为国家最高司法机关，所有四等公民都有权被选为陪审员，所有公民都有权到法庭为本人或任何受害的公民起诉、辩护，这体现了强烈的司法民主色彩。政治上的这些改革和创新，突出了工商业阶层在国家政权中的重要地位，打击了氏族贵族的政治势力，一般平民也因获得了选举权而使政治境遇大为改善。同时，梭伦为维护氏族贵族的既得利益，也保留了战神山议事会等属于贵族们的特权。总之，他的理念就是要使贵族和平民能在国家政权中“协和共处”，人人各得其所。

此外，为发展雅典经济，梭伦还规定了一系列促进工商业发展的措施。如提倡每个雅典人学会一种手工业技术；限制粮食出口，扩大橄榄油出口；鼓励有技术的人移居雅典；推行币制改革，统一度量衡等。这些举措使雅典经济得以迅速发展，为民主政治奠定了经济基础。

梭伦的立法改革调整了雅典社会各阶层之间的关系，实现了公民集体内部各阶层之间不同利益的重新分配，为雅典民主政治的形成和完善开启了第一扇门，因此他的立法被人们尊称为“梭伦宪法”。同时，梭伦的立法将调停贵族和平民斗争的“契约”用法的形式明确固定下来，也促使雅典走上了法治道路。古代雅典的民主与法治是人类早期历史上两颗璀璨夺目的明珠，而梭伦正是打磨这两颗明珠的第一人。

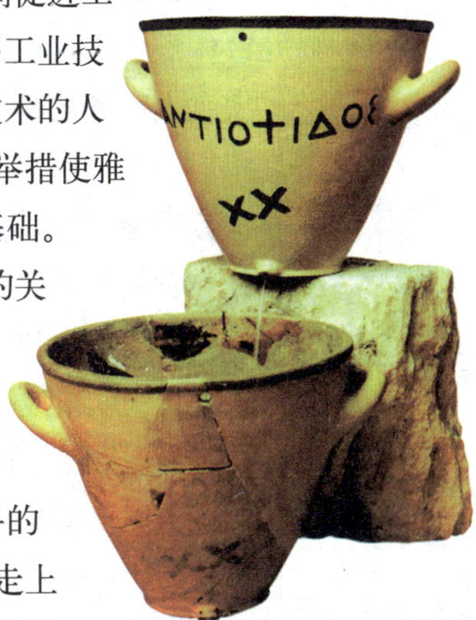

▲水钟是法庭进行工作程序时的计时器，从上面的罐子里流到下面罐子里的水计量着留给发言者的时间。这种罐子注满水约需6分钟。

平民斗争的辉煌成果

——罗马第一部成文法《十二铜表法》

公元前4世纪，与东方中国春秋时期公布成文法的活动跨越时空遥相呼应，在西方的古罗马也进行了一场同样的变革。国家的法律被刻在罗马广场的铜牌上公之于众，总共刻了十二块铜表，所以被称为《十二铜表法》。它是罗马第一部成文法，具有极为重要的意义。

《十二铜表法》的诞生，是罗马平民与贵族斗争的辉煌成果。公元前510年，罗马结束了王政时代，进入共和国时期。但共和国的政体是贵族共和制，贵族组成的元老院以至高无上的特权控制了国家重大事务的投票权，从而也控制了一切。贵族们凌驾于平民之上，广占土地，垄断政治权利，还以苛刻的利率使平民陷入绝望的债务困境。平民中的许多人以人身作抵押，最终沦为债务奴隶。平民和贵族的矛盾非常尖锐，为了反抗贵族的压迫和控制，平民们纷纷携带武器离开罗马。最大规模的一次是公元前494年的一天，一大群平民们组成一支浩浩荡荡的武装队伍离开罗马城，向东郊的圣山进发。人们一个个对贵族满怀激愤，声称要去建立一个属于自己的城市，永不再返回罗马。罗马元老院的贵族们得知这个消息后慌了神，因为当时罗马的奴隶数量还很少，生产和对外作战主要还是依靠平民。平民大量出走，势必造成生产停顿、兵源匮乏。最为棘手的是，当时罗马的西北方正受到伊特拉里亚人和高卢人的侵略，形势相当危急，贵族们正需要借助平民的力量来抵御外族的入侵。

▲平民终日劳作，却仍要遭到贵族阶级残酷的剥削，但求温饱而不可得。

使人民幸福就是最高的法律。

——《十二铜表法》

于是元老院马上派代表追到圣山，找平民谈判。平民们就利用这种形势为自己争取权利，迫使贵族承认由平民会议选出来的“保民官”。保民官是平民利益的保护人，人身自由神圣不可侵犯，他们直接对平民会议负责，不受执政官或元老院管辖。贵族们或政府官吏对任何平民采取危害行动，保民官都有权加以阻止。后来保民官的权力还发展到对政府的法令或者元老院的决议拥有否决权。只要保民官说一声“veto”（拉丁语，意思是“我禁止”），这些法令或决议就不能够被通过。

保民官的设立，是罗马平民反对贵族斗争的一大胜利，然而司法大权还是把持在贵族手中。当时罗马使用的是不成文的习惯法，含义模糊，缺乏准确性。解释法律的权力又操纵在贵族法官手中，遇有争讼，他们便从自己的利益出发，任意解释，肆意枉法，平民备受欺凌。平民们强烈要求改变这种状况，主张制定成文法并公布，作为进行裁判的依据，以打破贵族对法律的专横和垄断。在他们的推动下，公元前462年，保民官特兰梯留士向元老院提议编撰成文法，但遭到贵族反对。平民坚持斗争，此后连续8年，每年都选举特兰梯留士担任保民官之职。到公元前454年，经过平民们的不懈努力，贵族终于让步，同意制定并公布成文法。元老院组织了十人立法委员会，负责起草法律。委员们被派到希腊考察，特别研究了梭伦立法，并搜集了其他法律资料，回国后于公元前451年制定了法律十表，公布于罗马广场。次年又制定两表，作为对前者的补充，这就是《十二铜表法》的来历。

延伸阅读

《十二铜表法》制定后平民与贵族斗争的成果

(1)公元前445年，根据《卡努列优斯法》，平民取得与贵族通婚的权利。

(2)公元前367年，《李锡尼－绥克图斯法》公布，平民取得担任高级官职的权利。

(3)公元前326年，《波提利阿法》规定废除债务奴役制度。

(4)公元前287年，《霍滕西阿法》规定平民会议的决议对全体公民具有约束力，使平民赢得了参与国家立法的权利，从而在政治、经济、法律上都取得了与贵族平等的地位。这一法案的出台，标志着平民与贵族斗争的结束。

该法的制定和公布，标志着罗马平民与贵族的斗争已经圆满地告一段落。

《十二铜表法》内容繁杂，其中，第一、二表为诉讼程序和法庭规则，第三表为债务，第四表为家长权，第五表为家长和遗嘱，第六表为契约法，第七表为土地法，第八表为伤害法，第九表为与宪法有关的一些规定，第十表为宗教法，第十一表为婚姻法，第十二表为关于诉讼的一些补充规定。它的主要特点有：

一、以民事方面的法律为主体，实行诸法合体。《十二铜表法》包括民法、刑法、诉讼法和宗教条规，而又以民法为主。这是西方法律区别于以刑法为主的中华法系的一个显著特征。

二、严格维护奴隶制统治秩序，以严酷的刑罚来保护奴隶主贵族的人身、财产安全不受侵犯。如《十二铜表法》规定放火犯、窃贼或是践踏别人田地的人，都要处死刑。无力偿债的人，在30天宽限期期满后如果仍然还不了债，债权人就可以给他带上木枷或锁链，卖到别的地方去当奴隶，甚至可以处死他。

三、在某些规定上体现了平民的利益和要求。《十二铜表法》的公布，从形式上说，使贵族法官再难任意解释法律，对平民无疑是大有好处的。从内容上说，该法也有一些有利于平民的规定。比如它规定在民事方面，平民和贵族享有平等的地位和权利；规定借贷的年息不得高于8.33%，以限制高利贷盘剥。在诉讼程序上，该法也对贵族的专横予以一定限制。如规定对被告人的传讯、拘捕和审判必须依照法定的程序进行，任何人未经审判，不得被处死，等等。

作为罗马第一部成文法，《十二铜表法》总结了前一阶段的习惯法，并成为后世罗马法的渊源，对于中世纪和近代欧洲法学也有重要影响，因此罗马人将它奉为经典，长期保留。

▲在罗马的法律中，犯下重罪者要被钉上十字架，在痛苦中折磨致死。罗马的贵族们也用这种方式惩罚那些起义的平民和奴隶。

为法律信仰而殉道

——苏格拉底之死

▲苏格拉底像

公元前399年的一个春日，雅典阿瑞斯山天然半圆形剧场里正上演着一场扣人心弦的审判。被告是年届古稀的哲学家苏格拉底，他从容不迫、掷地有声的辩论把控诉者驳得哑口无言。

这位古希腊最著名的智者为什么会被推上被告席呢？

苏格拉底一生致力于对哲学真理的追求，他对哲学的热情使人不得不惊叹。虽然生活清贫，但他教人哲学从不收一分钱，他还经常在雅典城的路上及市场中拦截他人并与之探讨生命的意义。他总是热衷于运用自己独特的“助产术”来揭穿那些自命不凡的人，使他们当众出丑。所以，虽然他的周围聚集了一大批崇敬和仰慕他的人，但嫉恨他的人——这其中尤其包括政客和学者——也为数不少。对于反对者们来说，最无法容忍的，就是苏格拉底对雅典的民主政体也毫不客气地大加指摘。雅典素以民主政治而闻名，在大多数雅典人的眼中，民主政体是最优秀的政体，是完美无缺的政治设计。而苏格拉底偏要对着干，他认为在一个社会里，真正的智者是极少数，而绝大部分人都是庸俗的，品行生来就具有缺陷。由大多数人来决定社会的走向，只会降低整个社会的品位，将整个城邦引入黑暗的深渊。因此他公然攻击、嘲笑雅典传统的最高权力机关——人民大会以及抽签选举官吏等民主制度，主张应该由神的使者——智者来管理国家和人民。不过苏格拉底对民主的诘难只是表现在思想和言语上，并没有付诸行动，在一个崇尚自由和民主的社会里，这应该是可以容忍的。

公正的人就是遵守法律的人。

——苏格拉底

不幸的是，在视民主自由为最高价值的雅典（也许正是因为过于珍视的缘故），有那么一小撮人对苏格拉底愤怒到了极点，必欲除之而后快。

他们中的代表，诗人迈雷托士、修辞学家赖垦和政客安匿托士罗织了两个罪名：渎神和腐蚀青年，把苏格拉底告到了法庭。雅典组织了一个500人的庞大法庭，于是一场惊心动魄的审判拉开了帷幕。苏格拉底还是那样的锋芒毕露，他把法庭当成了自己的演讲场，滔滔不绝地宣传着自己的学说。那三个控诉者编造的莫须有的罪名当然是不堪一击，苏格拉底认为自己的任务就是说服法官们接受自己的主张。这种过于自信的态度没有给他带来什么好处，法庭审理的第一阶段，即定罪阶段，500名法官以280票对220票，裁定罪名成立。到了第二阶段量刑时，苏格拉底对判他有罪的法官们表现得非常不屑，他大肆批判民主制度，甚至嘲讽根据民主原则选任出来的法官们。法官们被激怒了，第二次投票以360票对140票决定对他处以死刑。也就是说，原来判他无罪的人中竟然有80个转而投了他的死刑票！

这恐怕是一个很情绪化的判决，即使苏格拉底再狂妄，行为再偏激，也罪不致死。热爱他的朋友和学生们都为他抱不平，想尽一切办法搭救他。在临刑之前，苏格拉底的好朋友克力来探监，他告诉苏格拉底朋友们决定帮他越狱，而且一切都已安排妥当，就等苏格拉底一句话了。令他没有想到的是，一直坚信自己清白无辜的苏格拉底竟断然拒绝。克力不解：判决如此不公正还要遵守，这不是愚蠢吗？苏格拉底却反问道：难道越狱就正当吗？

他给出了两点理由说明不应该越狱。第一，法律是神圣的，依照法定程序作出的判决的权威性必须得到尊重。即使判决本身是一种误判，人们也没有权利逃避法律的制裁。

延伸阅读

苏格拉底

苏格拉底（前469～前399），古希腊伟大的哲学家、思想家，被称为“西方的孔子”。他认为世间一切都是神的创造与安排，主张智者治国。他是古希腊第一个提出要用理性和思维去寻找普遍道德的人，强调道德由理性所指导，所以“美德就是知识”，认为善出于知，恶出于无知。他的教育方式非常独特，常常运用启发、辩论的方法，被后人称为“苏格拉底式的教学法”。苏格拉底坚持“述而不作”，所以他本人没有留下任何著作，他的观点都记载于其学生、尤其是柏拉图和色诺芬的著作里。

▲**苏格拉底之死**
苏格拉底因坚持自己的信念将被判处死刑，但他神色安然，面无惧色。

公正不公正，并没有具体、量化的标准，更多的是人们的主观感受，如果人人都以判决不公正为借口而随意地加以否定，判决没有威慑力，那么国家哪里还有什么规矩和秩序可言？国家又将如何存在下去？所以，人们必须坚定不移地服从法律的决定，哪怕他是冤枉的。他接着又从公民和国家关系的角度来论证守法的必要性。苏格拉底认为，如果一个人自愿生活在一个国家，那么他就和这个国家订立了一个契约。国家制定了法律，使公民能够享受到权利，公民就应该同时履行法律规定的义务，否则就是毁约。而践踏自己曾经立下的契约，是十分不道德的行为。他在雅典已经生活了70年，与雅典城邦之间早已形成了牢不可破的契约，所以他是绝对不能干出毁约的下贱勾当的。苏格拉底最后还说："如果我含冤而死，这不是法律的原因，而是由于恶人的蓄意。如果我无耻逃亡，以错还错、以恶报恶，毁伤的不仅是法律，也是我自己、我的朋友和我的国家。这样，我到了阴曹地府也不受欢迎。"克力和苏格拉底争论了很久，甚至采用了激将法，说："拒绝拯救自己生命的行为有违美德，行为人应该感到羞耻，甚至是一种罪恶。"但苏格拉底始终不为所动，克力最后只能一脸颓丧地离开了监狱。

几天以后，苏格拉底按照雅典的法律，饮下了一杯鸩酒，面含微笑而死。

理想国里的“哲学王”

——柏拉图与《理想国》

▲柏拉图像

柏拉图(公元前 427～前 347 年)，是苏格拉底的得意门生，20 岁时就跟随苏格拉底学习。公元前 399 年，苏格拉底被处死，由于柏拉图曾经参与策划营救苏格拉底，为了逃避当政者的迫害，他和苏格拉底的其他学生一起逃到麦加拉，之后开始环游世界。12 年后，见识广博、包罗万象的柏拉图重新回到了雅典，选择了一处传奇英雄的故址，开办了一所闻名于世的柏拉图学园，一边教学一边潜心从事研究。

柏拉图一生研究领域广泛，著述颇丰，给后世留下许多宝贵的精神财富。其中最著名的是他的大作《理想国》，柏拉图在此书中系统地阐述了自己的政治法律思想，构筑了一个由“哲学王”来统治的理想王国的美好蓝图。

柏拉图先分析了理想国中的社会结构。他认为，人们的社会地位生来就是不平等的，因为上帝在造人时使用不同的金属铸就了不同的人格，有的人掺以金，有的人掺以银，有的人则掺以铜或铁。于是，人们就有了不同的天性和美德，并在三个不同的等级中分别体现出来：第一等级的天性是理智，美德是智慧，他们只是少数人，是掌握国家权力的统治者；第二等级的天性是意志，美德是勇敢，他们是秉承统治者的意志、对外从事征战和防御、对内从事镇压第三等级的辅助者；第三等级占大多数，他们的天性是欲望，美德是节制，是从事生产劳动和服务的被统治者，负责供给前两个等级的物资需求。可见，在柏拉图设想的理

> **我反复思之，唯有大声疾呼，推崇真正的哲学，使哲学家获得政权，成为政治家，或者政治家奇迹般地成为哲学家，否则人类灾祸总是难免的。**
>
> **——柏拉图**

▲大约在公元前387年，柏拉图创建学园，其目的在于训练未来的"哲学王"。

想社会里，三个等级的人分别承担着统治、保卫和生产三种职能。柏拉图强调，各等级的人们应当各安其位、各司其职、各尽其能，当这三个等级"在国家里面做各自的事而不互相干扰的时候，便是有了正义，从而也就使一个国家成为正义的国家了"。这就是他所主张的正义，也即智慧、勇敢和节制三种美德协调运行时所达到的一种秩序井然的状态。

在此基础上，柏拉图进一步论证道，既然统治者的美德是智慧，那么治理国家的任务非哲学家莫属，因为哲学家是最具智慧和学问、最富远见卓识、胸襟最广阔和最热爱真理的人。最符合正义的国家，也只能是由集政治权力和哲学思考于一身的"哲学王"来统治的国家。因而他主张理想国必须由哲学家来治理，或者君主掌握哲学，成为大学问家。他说："除非哲学家成了我们国家的国王，或者我们目前称之为国王或统治者的那些人物，能严肃认真地追求智慧，使政治权力与聪明才智合而为一；那些得此失彼，不能兼有的庸庸碌碌之徒，必须排除出去。否则的话……对国家甚至我想对全人类都将是祸害无穷，永无宁日。"

柏拉图主张"哲学王"的人治，但他并不绝对排除法的作用。柏拉图在《理想国》中不仅谈到"哲学王"会制定各种法律，而且对理想的法官做了专门阐述，指出只有那些具有高洁的性情、清晰的头脑、优良的品行和丰富的阅历的人才配担当法官。但他的基本倾向却不是"法治"，因为他认为，法律虽然是一种很好的工具，但这些抽象的、简单的、原则的规定在解决纷繁复杂的事务时是无论如何也不能与贤人的智慧相媲美的，因此，最佳的治理方法不是给予法律以最高权威，而是给予贤明的统治者以最高权

威。“哲学王”的智慧高于法律，理所当然要高踞于法律之上，不需要遵守法律。

《理想国》可以说是柏拉图所撰写的治国纲要。他也雄心勃勃地希望把自己的设想运用于实践，让梦想中的理想国变为现实。机会终于来临了，叙拉古的国王仰慕柏拉图的才华，邀请他去教育自己的儿子小狄奥尼修斯——未来的国王。柏拉图喜出望外，按照自己的计划全力塑造这位他幻想中的未来“哲学王”。然而，这位小王子对柏拉图的说教毫无兴趣，在他即位之后，竟将柏拉图作为奴隶卖掉了，以表示对“哲学王培养计划”的嘲讽。柏拉图没有将小狄奥尼修斯改造成“哲学王”，自己反倒沦为“哲学奴”。好在买下柏拉图的人富有正义感和同情心，他释放了柏拉图，并让他回到了雅典。

在叙拉古的不幸遭遇，使柏拉图开始反思自己构筑的理想蓝图，别人也纷纷问他，理想国里的“哲学王”应该是具有最高才智、品德完美、永远不会做出错误判断的人，这种人在现实中会有吗？柏拉图也承认圣贤毕竟难找，于是在晚年对自己的思想做了重大的修正。他在74岁高龄时才开始着手写作的《法律篇》中开始承认法律在国家生活中的重要性，主要观点是：“人类必须有法律并且遵守法律，否则他们的生活将像最野蛮的兽类。”并且提出，如果一个国家的统治者不是哲学家，而且在较短的时间内又没有好的方法把统治者变成一个哲学家，则法治比人治要好，这虽然不能称为最好的政治，但却可以称为“第二等好的”政治。他已不再提“哲学王”，但从他所强调的“第二等好”可以看出，他还是以“哲学王”统治的国家为头等理想国的，这说明，虽然在现实中碰了壁，他并没有完全放弃自己乌托邦式的梦想。

公元前347年，81岁的柏拉图应邀参加一位年轻人的婚礼。在席间休息时，这位睿智的老人静静地睡着了，带着他未实现的梦想不无遗憾地离开了这个世界，留给后人的，只有深深的思考。

▲柏拉图学园

柏拉图鼓励学生进行独立思考和争论辩驳，以此作为一种教育的方法。这种教学方式对后世的法学教育产生了巨大的影响。

吾爱吾师，吾更爱真理

——崇尚法治的亚里士多德

公元前366年的一天，久负盛名的柏拉图学园里来了一位衣着华丽、举止儒雅的年轻人。学员们都对此人嗤之以鼻，认为他只是个意在附庸风雅的纨绔子弟，柏拉图也对他时髦的穿戴表示反感。然而，这个年轻人在进入学园后，表现出了过人的才智和极其广泛的学术兴趣，令所有的人都不得不对他刮目相看。他刻苦勤奋，博览群书，遇有问题即虚心向柏拉图请教。但他并不盲目听信柏拉图的教授，他以“吾爱吾师，吾更爱真理”作为座右铭，凡事都要经过自己的认真思考再作出结论。如果与柏拉图有不同看法，他就大胆地与老师探讨，两人经常是各执己见，争得面红耳赤。柏拉图颇为欣赏这个学生，曾经赞许地说：“我的学园可以分作两部分，一般学生构成它的躯体，他则代表了它的头脑。”这个学生就是亚里士多德，古代希腊著名的学者和思想家，西方法律理论的奠基人之一。

▲亚里士多德像

亚里士多德是个百科全书式的学者，著作浩如烟海，除了在哲学、逻辑学、美学、自然科学上成就斐然外，他在政治法律思想方面也有很高的造诣。亚里士多德很敬重他的老师柏拉图，但他不赞同柏拉图孜孜以求的“哲学王”治国的理想图景。他重视法律的作

法律是最优良的统治者，法律能尽其本旨做出最恰当的判决。

——亚里士多德

▼亚里士多德是年轻的亚历山大大帝的老师，亚历山大大帝后来用他强大的帝国征服了希腊。

用，旗帜鲜明地倡导法治，明确提出法律是最优良的统治者。他首先在《政治学》中多方面地比较了法治和人治的利弊，说明了法治的优越性所在：

1. 人的本性是有感情的，但法律不讲感情，而“凡是不凭感情因素治事的统治者总比感情用事的人们较为优良”。一个人即使再聪敏睿智，就如柏拉图所鼓吹的“哲学王”，也难免有失去理智而感情用事的时候，从而导致偏见和腐化。因而如果把治理国家的希望寄托在个人身上，就如同将国家的命运寄托在变幻莫测的感情之上，当然是靠不住的。他甚至毫不客气地批评：“让一个个人来统治，这就是在政治中混入了兽性的因素。”相反，法律没有感情，不受主观愿望影响，不懂得偏私，“恰恰是免除一切情欲影响的神祇和理智的体现”。所以，唯有法治，才能造就一个正义、安宁、和平的社会。

2. 法律是经过众人的审慎考虑后制定的，同一个人或少数人的意见相比，更具有正确性。在亚里士多德看来，三个臭皮匠胜过一个诸葛亮，众人的智慧总是高于个人的智慧，而且个人会因为各种因素的影响而损害其判断力，而全体人民总不至于会同时犯错。所以，将集体智慧的结晶转化为法律规则，用以治理国家和社会，不

仅更加科学合理，而且能够较少发生错误。

3. 从形式上说，法律具有稳定性和明确性。法律不会说话，不能像人那样信口开河，朝令夕改。法律一经制定便不得轻率地改动，从而在人们心中能够保持较高的威信。同时，法律是借助规范形式、特别是文字形式来表达的，具有明确性。所有这一切，都说明了法治优于一人之治。

在对比了法治和人治的优劣得失后，亚里士多德对法治的确切含义作了经典的阐述。他认为："法治应包含两重意义：已成立的法律要获得普遍的服从，而大家服从的法律又应该是本身制定良好的法律。"具体说来就是：

1. 必须要有良好的法律，这是实行法治的前提。亚里士多德认为法律有善法和恶法之分，他说："相应于城邦政体的好坏，法律也有好坏，或者合乎正义或者不合乎正义。"不合乎正义的法是恶法，恶法尽管也能导致法律的统治，但绝不可能达到法治。只有制定出能够体现正义和善德、保护自由、促进公共利益的良法，并将其作为治理国家的基础，才能达到实施法治的目的。

2. 法律必须得到全社会的普遍遵守，这是实行法治的关键。亚里士多德认为要实现法治，最重要的一点是法律被制定出来以后必须具有至高无上的权威，得到全体公民的普遍遵守和服从。任何人都不得享有超越法律的特权，不仅普通平民要守法，统治者也必须要服从法律，这才是法治国家所要达到的一种目标状态。他声称："邦国虽有良法，要是人民不能全都遵循，仍然不能实现法治。"他还说："法律所以能见成效，全靠民众的服从。"为了能确保人民普遍守法，亚里士多德强调了依法办事的重要性，主张凡是法律有明确规定的，都必须严格执行，而不能以当权者或执法者的意志为转移。他同时还认为，民众的守法意识不能全依赖自发形成，国家必须要付出巨大的努力来加强公民法制观念的教育和培养。

早在2000多年前，亚里士多德就提出了如此完备而深刻的法治理论，不能不让人叹服。他的法治观念奠定了西方法治思想的大致走向，"良法之治"和"普遍服从"的精辟阐释，坚如磐石地成为主流法学学派对法治的基本认识。

被斩首示众的“祖国之父”

——自然法学说的先驱西塞罗

▲西塞罗像

西塞罗(公元前106～前43年)，是罗马共和国末期著名的政治家、法学家、文学家和雄辩家。他出生于一个富裕的骑士家庭，年轻时便修习法律，早年还曾游学雅典，学习斯多葛派哲学，接受了其自然法思想。25岁时开始担任律师，很快就因其雄辩的口才而名声大振，旋即在政界崭露头角，最后官至总揽罗马军政事务大权的执政官。公元前63年，他因镇压民主派领袖卡提利那的暴乱，被元老院授予“祖国之父”的荣誉称号，达到了政治生涯的顶峰。但是后来，由于他坚持共和制而遭到了政敌们的嫉恨，最终被刺杀。

西塞罗是继亚里士多德以来西方历史上第二位百科全书式的人物。他博学多识，在推动人类精神文明方面硕果累累。西塞罗法律思想的突出之处，是他按照罗马国家统治的需要，系统地阐述和发挥了源自希腊斯多葛学派的自然法思想并将其引入罗马法之中，因而极大地推动了罗马法的发展。正如英国著名法史学家梅因所言：“我找不出任何理由，为什么罗马法律会优于印度法律，假使不是‘自然法’理论给了它一种与众不同的优秀典型。”罗马法后来能够达到如此辉煌的地步，与西塞罗大力推介自然法思想有重大关系。

自然法思想是西塞罗法律思想体系中的灵魂和精华，集中地体现在他的《论共和国》、《论法律》及《论义务》等著作中。西塞罗首先认为，“自然是最高的善”，“依照自然而生活，一切都会尽善尽美”。自然状态是一种理性的、和谐的状态，这就是自然法。自

为了得到自由，我们才是法律的臣仆。

——西塞罗

然法既然源于自然，那么它就是永恒不变的、先于国家之前就有的、普遍存在的一种至高无上的法则和最高的正义。遵从自然法即是遵从自然、理性和神。

从自然法的先在性、至高性出发，西塞罗论证了自然法和人定法的关系。他认为，自然法是人定法制定的基础和依据，人类的实在法是从自然法中产生出来的，要受自然法的指导和制约。“宇宙服从神，海洋和大地服从宇宙，而人类生活服从至高无上的自然法的法令。”相对于人类社会的法律，自然法是最高法，人定法只是自然法的摹本。因此，自然法是评判人定法善恶的唯一依据，是衡量其正义与否的唯一尺度。只有符合自然法的自由、平等、正义、理性等原则的人定法才是真正的法律。如果君主制定的法律条文与自然法相抵触，那么，它就不能被称为“法律”，而只不过是“一群匪帮的规则”。他特别强调：“如果法不是源于自然——都将被废除。”

西塞罗又从自然法的永恒性、普遍性这个特征着眼，推导出了永恒不变、并将对一切民族和一切时代都有效的普适性的法。他宣称所有的人都应生活在这种法律之下，并且在法律上一律平等。他说，“如果最高的神为我们规定了法律，那么所有的人就要服从同样的法律，而且同样的人在不同的时间不会有不同的法律”，“它不会今天在罗马立一项规则，而在雅典立另一项规则。有的将是一种法律，永远不变的法律，任何时期、任何民族都必须遵守的法律”。按照西塞罗的逻辑，由于自然法普遍存在，所以具有普遍适用性。从空间效力和对人的效力而言，人定法只限于特定的区域和特定的人群，而自然法则超越时空的限制，不分种族、性别、财富与智力而适用于所有的人，不论是贵族、平民还是奴隶都适用，也不仅是现在如此，将来亦是如此。西塞罗还从人人都具有理性这一

知识点击

斯多葛学派

古希腊的一个有重要影响的哲学派别，创始人是芝诺。芝诺最早提出自然法思想，认为自然法是正义、理性和上帝意志的一种体现，人们彼此平等，自然法把人们联结在一起。民族国家的制度是有限的、局部的，不符合自然法的要求，因而必然出现世界国家和世界法律。

点上来说明法律的普适性，他声称，神圣的理性作为一种遍及自然的普遍力量，是神赋予每一个人的，不分国别或种族。接受了共同正义和理性的人们，也就意味着接受了共同的法。因此，人类制定统一的法律势在必行。西塞罗的这种永恒的、普遍的自然法思想为罗马万民法的日益完善奠定了理论基础。早期罗马人的法律主要是市民法，只适用于罗马公民。随着罗马版图的扩张，城邦意义上的市民法已不能适应需要，于是在公元前2世纪中叶，万民法（适用于外来人之间、外来人和罗马公民之间的法律）产生了。西塞罗将自然法观念注入罗马法学以后，理性、平等、正义等自然法理念也被灌输到万民法中，使其具有更大的科学性和正当性。《法学阶梯》中为万民法所下的定义是："自然理性在所有人中创立的那个法，由所有人平等地遵守，它被称为'万民法'，它是对所有民族都适用的法。"而且，正是由于自然法思想被引入了罗马法，才使抽象的自然法的观念成为实在的法律原则，而西塞罗在其中发挥了桥梁的作用。

西塞罗继承并发展了古希腊哲学中的自然法思想，不仅对罗马法的发展起了巨大的推动作用，而且使哲学的自然法变成了法学的自然法。从此自然法学说得到了广泛的传播，并成为法学中时间最早、历史最久的理论，因此后人称他为自然法学说的先驱。

▲西塞罗在罗马元老院发表演说

第二章

中世纪法学

中世纪是法学发展的分野时期，日臻成熟的古代法系，有些开始向现代法律体系过渡，有些则随着社会制度的解体而趋于消亡。野蛮与文明、专制与民主的交锋在法律的背景下展开，法学的发展受到封建制度、宗教神学等的阻碍而放慢了脚步。中世纪的法学家们总结古代法学的精华，反思法制建设的流弊，奏响了追求人类平等和民主的第一个乐章。

康失芬行车伤人案

——中华法系的瑰宝《唐律疏议》

吐鲁番出土的文书记载了这样一个案件：百姓史拂那、曹没冒控告行客康失芬在大街上驱牛车快行，撞伤了自己的儿子金儿和女儿想子，造成金儿、想子腰骨损伤破碎。县官对致害人康失芬进行讯问，康失芬说自己所驾驶的是借来的车牛，驾驭不住，撞伤金儿、想子是事实，又说："我要求保辜，先让金儿、想子接受一段时间的医疗，如果他们死了，我请求大人按照律条处断。"最后县令指示道："准予保辜，先放了康失芬，俟后再判。"这里有个关键词"保辜"，它是什么呢？原来保辜是唐朝时处理伤害罪的一种特殊制度，其基本内容是在被害人伤情未定的情况下，规定一定的期限，根据期满之日被害人的死伤情况来决定致害人的刑事责任。在规定的期限内，致害人可以积极采取措施救治被害人，以减轻自己的罪责。辜期的长短由伤害的方式和程度而定，伤害越重，期限越长，如被刀具所砍伤的保辜期限就长于被手脚殴伤的保辜期限。如果受害人在

> **德礼为政教之本，刑罚为政教之用，犹昏晓阳秋相须而成者也。**
>
> **——《唐律疏议》**

▼《唐律疏议》

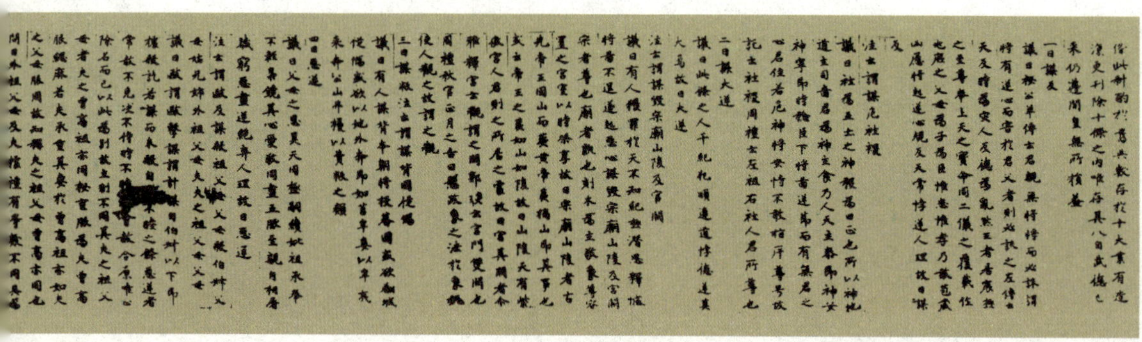

辜期内死亡，对致害人就要以杀人罪论处；如果辜期届满受害人没有死亡或者由于其他原因死亡，加害人就只需承担伤害的罪责。

保辜制度是科学而合理的。伤害罪是一种结果罪，而当时的医疗水平比较低下，很多时候难以在伤害发生后立即准确界定其后果，规定过一段时间再来判断伤情的轻重，无疑更利于实现罪刑相应。另外，保辜制度规定如果致害人对被害人采取医疗措施使之早日康复，则可以减轻罪责，从而促使致害人能够积极救治被害人，这对减轻犯罪后果、缓和社会矛盾也起到了良好作用。

▲长孙无忌像

通过保辜这一制度，我们可以看出唐代的立法已经达到了相当高的水平。保辜制度规定在唐朝的一部大典《唐律疏议》中，《唐律疏议》是我国封建法典的集大成之作，堪称中华法系的瑰宝。

《唐律疏议》是唐高宗永徽年间编撰的。高宗李治继位后，诏长孙无忌等修订了《永徽律》。但是高宗发现，法律条文过于抽象，在司法实践中，由于对律文理解不一致，各地各级司法机关对同一案件所作的判决，刑罚相差悬殊。为了统一法律适用，高宗便下诏原修律人员为“律”作“疏议”。疏是疏通的意思，也就是要对律文加以解释。长孙无忌等殚精竭虑，花费了一年的时间对律文逐条进行注释和阐述。注疏完毕后，经高宗批准将疏议附于律文之后，享有与律文同等的法律效力，并颁行于天下，时称《永徽律疏》，即著名的《唐律疏议》，通常也简称为唐律。《唐律疏议》的这种将律文和疏议有机地融为一体的形式，有利于司法机关准确地把握和运用法律，也反映了唐朝在律学上的辉煌成就。

《唐律疏议》体系完整，内容完备。共12篇，500条，其篇目依次为：名例、卫禁、职制、户婚、厩库、擅兴、贼盗、斗讼、诈伪、杂律、捕亡、断狱。“名例律”为唐律的首篇，相当于现代刑法的总则，它规定了法定刑的种类和适用原则，集中体现了唐律的基本精神。内容具体包括五刑、十恶（封建统治者所认为的十种最

▼**死刑图**
唐太宗时对死囚的处决是慎重的，皇帝批准后三日方可执行，这样有助于减少冤假错案的发生。

严重的犯罪）、八议、官当、划分公罪（因履行公务致罪）与私罪（因谋私利而犯罪）、犯罪自首的要件、对老幼废疾者犯罪的减免、法律无明文规定时的类推适用、共同犯罪的处罚、化外人（指外国人）犯罪的处理等。从第二篇“卫禁律”到第十篇“杂律”是关于实体法的内容，囊括了社会生活的各个方面，调整范围非常广泛。第十一篇“捕亡律”和第十二篇“断狱律”则是有关捕捉罪犯和司法审判的一些程序上的规定。

《唐律疏议》的主要特点是：

1.礼法合一，“一准乎礼”。自汉代以来开始的法律儒家化，经过了魏晋南北朝时期的大发展，到唐代基本告成，使唐律实现了礼与法的统一，法律规范与道德规范的统一。唐律不仅以礼为指导思想，提出“德礼为政教之本，刑罚为政教之用”（意即礼是本、是纲，刑只是礼的辅助），而且以礼为量刑标准，全面继承并发展了汉代以来法律儒家化的成果。如八议、官当、准五服以制罪等在唐律中都有规定，而且比前代更加完备。唐律的疏议部分，也往往直接引证于儒家经典。总之，礼是唐律的灵魂，这正是中华法系的一

个显著特征。

2.用刑持平。在“礼法结合”思想的指导下，唐律表现出刑罚适中、用刑持平的特点。唐律规定的刑罚比以往各代都轻，死刑只有斩、绞两种，数目比前朝后代都大为简省，而且执行时比较审慎，流刑也大为减少。由此可见唐律刑制为轻的特点。

3.立法技术高超。唐律在立法技术上表现出了高超的水准。首先，从体例结构看，“名例律”即总则列于全律之首，统率其他各篇。其后九篇为分则，规定了各种具体的犯罪及其相应的刑罚。最后两篇在现代法律中多属于程序法的范围。这种总则在前、分则在后，实体在前、程序在后的体例结构，具有相当的系统性和规范性。其次，从各种具体的罪名和刑罚原则来看，用语精练明确，内容合理科学，保辜制度就是一个明证。此外，还有诸如自首、化外人有犯、类推原则等，都达到了很高的立法水平。

中国封建王朝的基本法典

朝代	律典
战国(魏)	《法经》
汉	《九章律》
曹魏	《新律》
晋	《泰始律》
南朝宋	沿用晋《泰始律》
南朝齐	沿用晋《泰始律》
南朝梁	《梁律》
南朝陈	《陈律》
北朝后魏	《后魏律》
北朝北齐	《北齐律》
北朝北周	《后周律》
隋	《开皇律》、《大业律》
唐	《唐律疏议》
宋	《宋刑统》
元	《大元通制》
明	《大明律》
清	《大清律例》

在中国法制史上，唐律具有承前启后、继往开来的重要地位。唐律承袭了以往各代的立法成果，同时又有所发展和创新，表现出高度的成熟，因而成为后世立法的典范，对宋、元、明、清法律产生了深刻影响。

作为世界五大法系之一的中华法系的代表性法典，唐律的影响力还超越国界，对亚洲、特别是东亚各国封建法制的建立和完善产生了广泛而深刻的影响。日本的《大宝律令》、朝鲜的《高丽律》、越南的《刑书》等的篇目内容大多仿照唐律。可见，唐律不仅在中国法制史上，而且在世界法制史上都占有重要的地位。如果说罗马法是世界奴隶制法的典型代表，法国民法典是世界资本主义法的典型代表，那么，可以毫不夸张地说，唐律是世界封建制法的典型代表。

可以求富强，奈何阻重深

——王安石变法

▲王安石像

王安石（1021～1086年）是北宋著名的文学家和政治家。他出生于中下层官宦之家，儿时跟随做地方官的父亲到过很多地方，较广泛地接触到了下层民众，对人民生活的疾苦寄予深切的同情。他博览群书，精通文史，后来他中了进士，做了几任地方官，在任职期间，他对社会弊病有了更多的了解和更深的思考。当时的北宋正处在严重的社会危机之中，土地兼并非常严重，阶级矛盾异常尖锐；政府加强中央集权的措施，使官僚机构臃肿，经费开支庞大，财政日趋紧张；在外部，还面临着辽和西夏强有力的威胁和进攻，兵力、财力又在战争中被进一步消耗。内忧和外患互相影响，形成了积贫积弱的局面。王安石对这种情形十分忧心，遂勇敢地向宋仁宗呈上了一封长达万言的《言事书》，主张改革旧的法度，推行新法。宋仁宗刚刚废除范仲淹的新政，根本无意进行改革，只是把王安石的奏章搁在一边。

天命不足畏，祖宗不足法，人言不足惧。

——王安石

后来，年仅20岁的宋神宗即位。他是个血气方刚的青年，立志要兴利除弊，实现富国强兵。他对王安石的才干和政治主张早有耳闻，就下了一道命令，把正在江宁做官的王安石调到京城来。见面之后，神宗对王安石关于革新政治的见解颇为赞赏，便任命他为宰相，并且设立了一个专门制定新法的机构，提拔了一批年轻的官员，准备由王安石主持变法。一开始就有官员以“祖宗之法不可变”为由站出来反对，王安石旗帜鲜明地提出“天命不足畏，祖宗不足法，人言不足惧”的口号，放开手脚大胆进行改革。从熙宁二年（1069年）开始，王安石推行了一系列新法，主要内容是：

1.青苗法。王安石以前在鄞县当县官的时候，每逢青黄不接的季节，穷人的口粮接济不上，他就打开官仓，把粮食借给农民，等到秋收以后，再让他们加上官定的利息偿还。这样可以使农民少受大地主豪强的高利贷盘剥，日子比较好过一些，因此很受百姓欢迎。王安石总结了以前的经验，将此法推广到全国实行。

2.募役法。官府的各种差役不再由民户自己服役，而是改为由官府出钱雇人应役。民户按贫富等级，交纳免役钱，原来享有免役特权的官僚、地主也要交钱。这样既增加了官府收入，也减轻了农民的劳役负担。

▼王安石尺牍

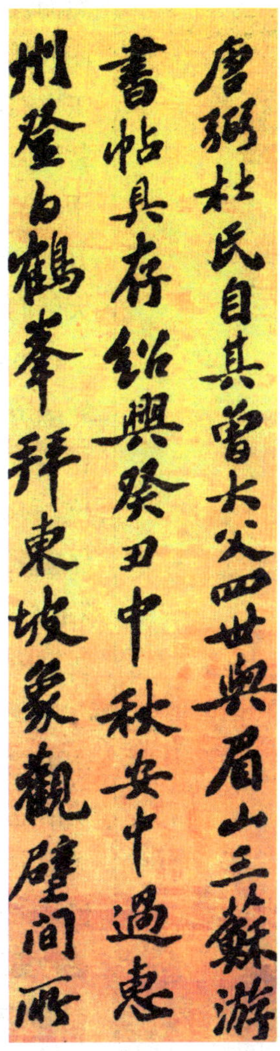

3.农田水利法。政府鼓励地方开垦荒地，兴修水利，修筑堤防圩岸，由受益人按户等高下出资兴修。在王安石的倡导下，一时形成“四方争言农田水利”的热潮。北方在治理黄、漳等河的同时，还在几道河渠的沿岸淤灌成大批“淤田”，使贫瘠的土壤变成了良田。

4.方田均税法。为了防止大地主兼并土地，隐瞒田产人口，由政府丈量土地，核实土地数量，按土地多少、肥瘠收税。

5.市易法。在开封设置市易务（后改为都提举市易司），根据市场情况，收购滞销货物，等到市场上需要时再出售。商贩可以向市易务贷款，或赊购货物。市易法在限制大商人垄断市场方面发挥了重要作用，也使朝廷的财政收入得以增加。

6.保甲法。政府把农民按住户组织起来，每十家（后改为五家）组成一保，五保为一大保，十大保为一都保。凡家有两丁以上的，出一人为保丁。农闲时集合保丁，练习武艺；夜间轮流巡查，维持治安。保甲法一方面使各地壮丁接受军训，与正规军相参为用，为国家节省了大量军费；另一方面又建立了严密的治安网，加强了对人民的控制，稳定了封建统治秩序。

> 知识点击
>
> **庆历新政**
>
> 宋仁宗在庆历年间由范仲淹主持实行的新政。主要内容有：严格官吏的升迁考核制度；限制官僚子弟及亲友通过恩荫做官；加强各级长官的保举和选派；裁并州县，减轻徭役；严肃中央政令，取信于民等。新政对官僚的利益触动极大，保守派官僚群起反对，将范仲淹排挤出朝廷，新政实行仅一年左右便夭折了。

新法推行了一段时间后，政府财政收入大为增加，军事实力也有所增强，在一定程度上扭转了积贫积弱的局面。但是，新法中有很多抑制大官僚、大地主、富商、豪强的措施，触犯了他们的利益，因而许多朝臣都对变法表示反对。

反对的人多了，神宗也沉不住气了，就问王安石该怎么办。王安石坚决主张要将变法进行下去，并劝神宗不要听信他人的谗言。然而反对变法的声音越来越响亮，出现了官员趁旱灾进献《流民图》诋毁变法和太后们向神宗哭诉的情形，神宗慢慢开始动摇了。王安石眼看新法难以推行，无奈之下，上书辞职，神宗也只好让他暂时回到江宁去休养。但神宗对新法富国强兵的成效还是认可的，于是第二年（1075年），又把王安石召回京城当宰相。可是没过几月，天空中出现了彗星，这在当时被认为是不吉祥的预兆。保守派大臣们又趁机攻击新法，宣称这是由于不守祖宗的规矩，上天发怒了，如果新法继续推行下去，国家一定会大祸临头。王安石竭力为新法辩护，要神宗不要相信这种迷信说法。神宗夹在两派之间，举棋不定。王安石见反对变法的阻力如此之大，只得再一次辞去相位，回到老家江宁，从此便潜心于学术研究和文学创作。神宗死后，保守派得势，此前的新法被完全废止，甚至连王安石的文学著作《字说》也因为含有变法思想而被禁止传播，不久，王安石在无限忧愤中逝世。

王安石变法是封建地主阶级内部的一场变法改良运动，因为其不可能从根本上改变封建制度，所以无法使北宋从根本上摆脱封建统治危机。变法虽然旨在实现国家的富强，但是由于触犯了当权的大地主、大官僚的利益，因而实行起来举步维艰，最后以失败告终。但是，王安石能够针对北宋统治错综复杂的积弊而勇敢地进行改革，这种勇于创新的精神是值得肯定的，而且改革对社会进步也起到了一定的推动作用，王安石不愧是杰出的地主阶级政治家和改革家。

刑乱国用重典

——明太祖亲定《大诰》

▲明太祖朱元璋像

明朝初年有一部地位非同一般的御制文书，明太祖要求家家户户都要收藏一本，各级学校都要教授，科举要考，乡野集会也要宣讲，真可谓是中国历史上普及最广泛的一部文书。最特殊之处还在于，明太祖规定，如果家里有这本文书，犯杖、徒、流罪的可以减轻处罚，如果没有，则要加重处罚。天下诵读此文书一时蔚然成风。

不过，这可不是什么弘扬道德仁义之作，翻开这部御制文书，会发现里面布满了苛法酷刑：墨面文身、挑筋去指、挑筋去膝盖、断手、斩趾、刖足、枷令……令人不寒而栗。这就是赫赫有名的《大诰》，明朝初年明太祖亲自编订的一部特别刑事法规。

《大诰》的问世，是明太祖推行重典治国政策的产物。盛极一时的元朝因法纪废弛、纲纪不振而灭亡的教训，使明太祖深刻认识到法制的重要性，“夫法度者，朝廷所以治天下也”。所以他重视立法工作，将建设法制、肃正纲纪作为治理天下、巩固政权的重要手段。至于为何要用“重典”，则与明初的社会形势与明太祖的个人经历和性格有关。

明朝初年，政治、经济形势错综复杂，内外矛盾交织。由于元末以来土地荒芜，民无定所，阶级斗争异常尖锐，农民起义此起彼

夫法度者，朝廷所以治天下也。

——明太祖朱元璋

伏，其次数之多是历史上各封建王朝开国以后没有遇到过的，对刚刚建立起来的明王朝构成了严重威胁。在统治集团内部，各种力量之间的矛盾也在酝酿和发展。淮西和浙东地主集团之间、农民出身的武将和地主出身的文臣之间钩心斗角、互相倾轧，同时明太祖与起义功臣们的冲突也日趋严重。另外，元朝的残余势力还不时地侵扰北方边境。严峻的社会形势，使明太祖认定当时是“乱世”。根据《周礼》中“刑乱国用重典”的理论，明太祖遂决定采用重典猛法来治理国家，他说：“朕收平中国，非猛不可”，“吾治乱世，刑罚不得不重”。

另一方面，明太祖独特的个人经历和性格也促成了他重典治国思想的形成。明太祖出身贫寒，曾当过乞丐、雇工、和尚，后来参加了农民起义军，逐渐成长为出色的将领，最后力克群雄，当上了大明的开国之君。这种从极微到至尊的特殊经历使他产生了目空一切、狂妄自大的心态，他崇尚个人专制和朝纲独断，采取了一系列加强君主专制中央集权的措施，因而在立法上也必然倾向于以猛为治，制定严刑峻法。

在这样的背景下，从洪武十八年至二十年（1385～1387年），在制定明朝的基本法典《大明律》的同时，明太祖亲自编订并发布了贯彻自己重典治国思想的《御制大诰》四篇，包括《初编》74条、《续编》87条、《三编》43条和《大诰武臣》32条，共计236条。内容由洪武年间明太祖惩治官民过犯的案例、基本律典以外的重法峻令以及明太祖教导吏、民“趋吉避凶”之道的训诫三部分构成。“大诰”的名称出于《尚书》，该书的大诰篇记叙了周公东征时对殷遗民的训诫。“诰”，即为告示天下之意。朱元璋颁行《大诰》，是仿效周公以“当世事”警诫臣民，永以为训，从而维护统治秩序。

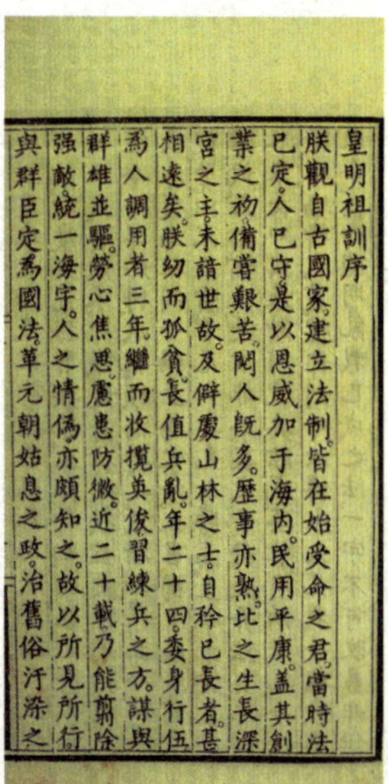
皇明祖訓序
朕觀自古國家建立法制皆在始受命之君當時法已定人已守是以恩威加于海內民用平康蓋其創業之初備嘗艱苦閱人既多歷事亦熟比之生長深宮之主未諳世故及僻處山林之士自矜己長者甚相遠矣朕幼而孤貧長值兵亂年二十四委身行伍為人調用者三年繼而收攬英俊習練兵之方謀與群雄並驅勞心焦思慮患防微近二十載乃能翦除強敵統一海宇人之情偽亦頗知之故以所見所行與群臣定為國法革元朝姑息之政治舊俗汙染之

▼《皇明祖训》明太祖朱元璋不仅对大臣们严加要求，且重视教育子孙，特撰《皇明祖训》一书，立作家法。后又命礼部刊行。

与明朝的基本法典《大明律》及历代封建王朝的法律相比，《大诰》主要有以下特点：

1.用刑酷烈，残暴苛刻，公开肯定律外用刑的必要性、合理性。《大诰》罗列了族诛、凌迟、枭首案例几千件，规定的酷刑种类有族诛、凌迟、枭首、墨面文身、挑

▲《御制大诰》书影 明

为维护明朝的统治，加强中央集权，在颁布《大明律》的同时，朱元璋又采集有关官民犯罪的事例，按类收编，这就是《御制大诰》。他要求全国教育机构都要教习，并做到家喻户晓。

筋去指、挑筋去膝盖、断手、斩趾、刖足、枷令、常号枷令、枷项游历、阉割为奴等几十种。对同一犯罪的处罚，《大诰》较《大明律》大大加重。比如违限不纳夏粮的，《大明律》规定杖一百，《大诰》却判处最残酷的凌迟刑。一些依《大明律》应作无罪处理的，《大诰》也给以严厉的处罚。如贵溪县儒生夏伯启叔侄不愿入朝为官，按照《大明律》本来无罪，但其行为触怒了明太祖，明太祖便以“不为君用”的罪名诛杀二人，并抄没其家。

2.严惩奸顽，重典治吏。在古代帝王之中，明太祖治吏是最坚决、最严厉的。《大诰》的打击矛头总的说来是针对全体吏民，但侧重点是治吏，其条目百分之八十以上都与官员犯罪有关。在治吏中，又以对贪官污吏的打击尤为严厉。《大诰》里惩处贪赃的罪案占全部罪案的一半左右，而且量刑上也大大加重。凡贪污之罪，不分轻重，不问首从，一律重刑处置。明太祖还设置了诸如“剥皮实草”（剥下贪官的皮塞满稻草）之类的酷刑来严惩贪官，以达到通过严刑去贪暴的目的。明太祖的重典治吏有着深刻的原因。他出身寒微，对官吏贪得无厌、巧取豪夺的恶行和民间生活的痛苦都有深刻的了解和体会。他深知官吏们的扰民害民正是激起人民反抗的主要原因，因此对贪官污吏深恶痛绝。他说：“昔在民间时，见州县官吏多不恤民，往往贪财好色，饮酒废事，凡民间疾苦，视之漠然，心实怒之。”他表示要严肃法纪，凡有官吏贪污残害百姓的，决不宽恕。

明太祖并非一味地崇尚苛法酷刑，他颁布《大诰》，主要针对的是明初的“乱世”。至明太祖晚年，自以为天下基本已经大治，遂将《大诰》中的部分死罪条款摘要编为147条《钦定律诰》，附在《大明律》之后颁行天下。《大诰》不再另行用于司法审判，这部明初空前普及的法令遂被束之高阁。到了明朝中叶，连《钦定律诰》也废止不用了。《大诰》的行用与废止，说明其只是特殊条件下的权宜之策，单靠严刑峻法是不能治理好国家的。

布鲁诺和伽利略的不幸遭遇

——与神学密切联系的教会法

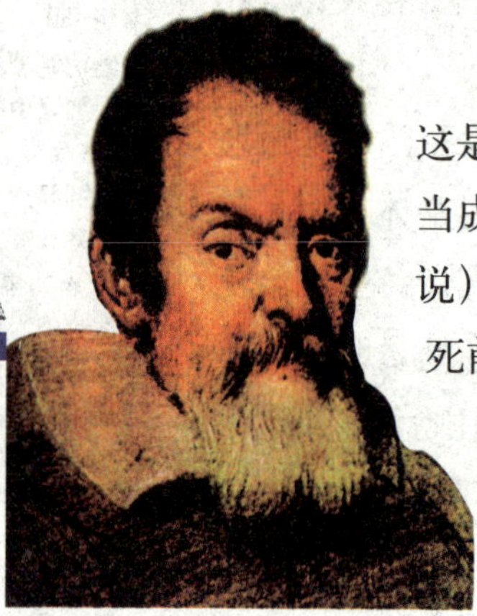

▲伽利略像

“月球绕着地球转，地球绕着太阳转”，在今天看来，这是再简单不过的常识。然而，大约500年前，它却被当成是大逆不道的“异端邪说”。提出这种学说（日心说）的波兰天文学家哥白尼为了避免遭受迫害，直到临死前才将阐述这种观点的《天体运行论》拿出来发表。果然不出他所料，此书不仅被列为禁书，而且信仰和宣传日心说的人也受到了无情的镇压。进步科学家布鲁诺和伽利略就是受害者中的二人。布鲁诺被活活烧死在罗马广场，而伽利略也遭到逮捕和监禁，最后被折磨致死。

迫害布鲁诺和伽利略的，是基督教会的宗教裁判所。他们之所以对日心说切齿痛恨，是因为按照基督教的神学理论，地球是上帝创造的宇宙中心，而日、月、星、辰都是上帝用来点缀宇宙的装饰品。这就是所谓的地心说，它是基督教神学的根基之一，长期以来，都被教会奉为经典。现在有人胆敢质疑地心说并公然主张与之相对立的日心说，教会当然无法容忍。问题是，基督教会是宗教组织，它怎么可以设立裁判所并且如此轻而易举地就剥夺人的生命呢？原因就在于，基督教不是一个普通的宗教，它在中世纪的西欧影响非常广泛，势力极其强大，甚至形成了自

在中世纪，一切按照神学中的通行的原则来处理。教会教条同时就是政治信条，《圣经》词句在各法庭中都有法律的效力。

——马克思

己的一套完整的法律体系——教会法。

教会法以基督教为依托，基督教的扩张是其产生和发展的动力。基督教源于犹太教，公元1世纪兴起于罗马帝国统治下的巴勒斯坦。其早期的教义是宣扬上帝面前人人平等，充满了藐视富人、仇视统治者的反抗精神，因而受到罗马当局的残酷镇压。公元2世纪以后，大量的有产者加入教会并取得了领导权，使教会的教义发生重大变化，更多地宣扬“君权神授”，要求人们忍耐和服从。于是罗马统治者一改先前的镇压政策，转而支持和利用基督教。公元313年，罗马皇帝君士坦丁颁布敕令，明确宣布承认基督教的合法地位。这成为基督教历史上的一个重大转折点，从此，教会开始逐渐发展自己的势力。

教会有非常严密的组织和纪律，它不仅管辖教徒的精神生活，而且把教徒之间的纠纷也看做是教会内部的事情，因而形成了由主教来进行裁判而不诉诸世俗法院的惯例。公元333年，主教裁判权得到了罗马帝国的正式确认，教会法就是在这一基础上逐渐形成的。

公元380年，罗马皇帝狄奥多西宣布基督教为国教，教会法也随之获得了长足的发展。公元395年罗马帝国一分为二，公元476年西罗马帝国被日耳曼人灭亡，教会也遭到重创。但是随着日耳曼诸国君主的扶植以及人们对基督教信仰的接受，教会势力又重新抬头。这一时期的教会法接受了某些地方法规，管辖范围也相应扩

▼审讯伽利略

1610年伽利略发表《星空信使》一书驳斥地心说，5年后受到敌对势力的控告，被教皇下令禁示宣传日心说。1632年他又写出《关于托勒密和哥白尼两大世界体系的对话》一书来为哥白尼辩护，遭到严刑下的审讯。

大，不仅适用于教徒，对世俗居民也具有强制性，这就初步奠定了教会法的地位。9世纪以后，西欧进入四分五裂的封建割据时期，教会乘机扩张势力，此时教会法也日臻完善，并于12世纪、13世纪时发展到顶峰。

教会法以基督教的经典——《圣经》为最基本的法律渊源。《圣经》的内容主要是有关上帝造物以及上帝创立世界秩序的故事，因而教会法与神学密切相关，在本质上它就是一种神权法。教会法所关注的调整对象不是人与人之间的关系，而是人与他的创造者——上帝之间的关系；教会法中的违法，也不是指人的行为对人们之间关系以及世俗世界秩序的破坏，而是对上帝的不敬以及对上帝所创立的秩序的触犯。这从教会法的基本内容中可以清楚地体现出来：

1.神职人员的教阶、权利和义务。这是教会法特有的，也是其最基础的制度。教会法设立了森严的教阶结构，规定教阶分为大教职和小教职两级，前者包括教皇、大主教、主教和神甫，后者包括修士和修女。神职人员是上帝的仆人，享有获得神品以及领取恩俸的权利，以及世俗兵役豁免权和司法特权等。与此同时，他们也必须遵守上帝制定的规则，即要宣传教义、忠诚履行教职、进行自省和忏悔、保持独身和坚守贞操等。若有违反，轻者被贬黜，严重者可被开除教籍。

2.债法制度。《圣经》把放债和牟利视为一种罪恶，所以教会法严禁高利贷行为。另外，教会法还规定，凡经当事人宣誓的契

▲ 这幅创作于1541年的木制浮雕，描绘了犯人在宗教法庭中受刑的场景。有时，为了得到犯人的认罪供词，一次拷问可以长达几天几夜。

延伸阅读

《圣经》

基督教的基本经典，由《旧约全书》和《新约全书》两部分构成。《旧约全书》本是犹太教的经典，但被基督教全盘继承，内容主要是有关世界和人类起源的神话以及奴隶制社会中奴隶主神权统治的法律；《新约全书》是基督教本身的经典，主要记述传说中的基督教创始人耶稣的救世言行以及他的门徒的一些事迹。《圣经》是教会法律的总源。

约，必须要严格履行。因为宣誓是对上帝的承诺，不实践对上帝的承诺，债务人的灵魂就得不到拯救。

3.婚姻家庭制度。教会法从“结婚属宣誓圣礼之一”的教义出发，把婚姻看成是“神圣契约”，是上帝的安排，由此引发出“一夫一妻”和“不准离婚”的原则。关于这一制度有个著名的例子，9世纪的时候，神圣罗马帝国皇帝罗退尔欲与其皇后离婚，已经宣布了废黜皇后，但却遭到教皇的干涉，最终不得不听命于教皇，娶回废后。

4.犯罪和刑罚制度。教会法里的犯罪和世俗意义上的犯罪有不同的含义，教会法所认定的犯罪必须是对“上帝的法律”的违反，也就是与基督教教义相悖的行为。其中异端、信奉异教、别立教派、亵渎圣物等被视为最严重的犯罪，广泛适用死刑。将布鲁诺和伽利略迫害致死的宗教裁判所就是教会在13世纪时设立的一个专门用来镇压反基督教分子和异端分子的机构，它在西欧横行了500年之久，仅在西班牙一地就有38万人被判异端罪。教会法所惩罚的其他一些犯罪还有放高利贷、施行巫术、同性恋、通奸、偷盗等，这些行为都是基督教教义所禁止的，但是惩罚相对轻微。教会法从基督教所宣扬的“上帝爱人”这个前提出发，同时也注意对违规者进行灵魂感化和道德矫正。

▼中世纪的基督教会手中握有特权，对人们的思想进行严格控制。基督教教义凌驾于法律之上，成为约束人们行为的新标准。

在西欧中世纪，这种与神权密切联系的教会法具有极大的权威，其适用范围超出了教会本身和国界的限制，凌驾于世俗法之上。15世纪以后，由于君主专制制度的确立以及宗教改革运动的冲击，教权开始旁落，教会法的适用范围也大大缩小。资产阶级革命后，各国奉行政教分离原则，国家法律实现了世俗化，教会法的管辖范围就缩退到精神和道德领域了。但是，教会法的基本原则和价值观念早已为西方法的发展打下了深深的烙印，直至今日，西方各国的立法和司法仍深受教会法的影响。

神国和俗国，神法和人法

——神学家圣·奥古斯丁

公元354年，在罗马的北非领地塔加斯特城的一个平民家庭中，一个男婴诞生了。男婴在襁褓时未受洗礼，长大以后最初信奉的也是摩尼教，然而，在接触了有关基督教的书籍以后，他的思想逐渐发生了变化。公元386年的一天，他好像突然顿悟了，对朋友说："我看到主站在我的面前，还有一个小男孩，那一定是天使，他要我读使徒保罗的书，他唱着'拿着，读吧！拿着，读吧！'我感到有一道明亮的光射进了心房，驱散了心中的一切疑团。"朋友满脸疑惑地看着他，他停顿了一下，神色凝重地宣布了一个改变自己一生的决定："我想要接受洗礼，我要全心全意地献身给主。"第二年，他接受了权势显赫的米兰大主教安布罗西为他主持的洗礼，从此投身基督教会，并成为最有权威的基督教神学家。由于他对基督教教义学说的发展做出了巨大贡献，世俗统治者和教徒们在他的姓氏前面冠以"圣"字来表示尊敬。他，就是基督教神学家奥古斯丁（公元354～430年）。

生命有限的人与永恒的上帝之间的和平，是一种有秩序服从上帝的、丝毫无误的、被忠实执行的、永恒的法律。

——奥古斯丁

奥古斯丁著作繁多，影响最大的是他耗费13年的精力、呕心沥血写成的《神国论》（又名《上帝之城》）。此书是集中反映奥古斯丁政治法律思想的一部旷世巨作，奥古斯丁在书中系统地阐释了自己的神学思想，提出了令人耳目一新的"神国和俗国"、"神法和人法"的划分。

奥古斯丁首先阐述了自己对上帝的认识。他认为上帝是至高无上的存在，是最高的真、善、美，是真理本身，是万物之源。他说：“上帝至高、至尊、至能，无所不能；至仁、至义、至隐，无所不在；至美、至坚、至定，但又无从执持，不变而变化一切，无新无故而更新一切。”他按照上帝的旨意把世界上的事物分为两部分，即“永恒存在的事物”和“非永恒存在的事物”。前者是承受神意的、善的事物，因而能够永生，后者必须服从前者，才符合“造物主法则”或上帝的“计划中的目的”。正是以“永恒存在的事物”和“非永恒存在的事物”的相互区分为基础，奥古斯丁提出了“神国和俗国”、“神法和人法”的概念。

▲威尼斯圣马克教堂镶嵌画

对基督徒们来说，圣奥古斯丁是最伟大的教父，他的神学著作强化了许多基督教义。

奥古斯丁首先在自己的国家观中论证了“神国”和“俗国”的对立。到底什么是“神国”和“俗国”呢？奥古斯丁这样说道：“这两种国的兴起，是本于两种爱好。俗国起于爱一己，而憎上帝。神国则起于爱上帝，而憎一己。前者只以人们求光荣，而后者则以虔求上帝为无上光荣……所以，前者的光荣在于本身，而后者的光荣在上帝。”可见奥古斯丁这里所谓的“神国”并不是指基督教所宣扬的极乐境地——天堂，而是由仰赖上帝恩典的选民所结合而成的共同体，具体来说，就是由基督教会统治的或者基督化的王国。在奥古斯丁的眼中，最好的、真正的神国应当是由基督教会直接统治的，这种神国是永恒的、绝对的。次一等的神国则是由接受了基督教的世俗统治者所统治的国家，也就是神国化了的世俗国家。但是这种模式的神国不具有永恒不变性，更不具有绝对性，奥古斯丁认为把基督教尊为国教的罗马帝国就可以算是这类的国家。他声称，国家绝对不能离开基督教会，否则就会沦落为“俗国”。“俗国”是由被上帝放逐的罪人集合而成的共同体，具体说来就是不服从神意的人建立的国家，如异教国家或不信教的国家。奥古斯丁强调，两种国家性质不同，其价值和前途也各异。“神国”是“千年之国”，高于

▼这是圣奥古斯丁最伟大的著作《神国论》的古英文手稿中的插图。图中描绘的是圣奥古斯丁的门徒。

“俗国”，神国汇聚了善良和美德，是光明和永存的；俗国充满了罪恶，是黑暗和短命的。很明显，奥古斯丁的“神国”和“俗国”论，旨在拔高基督教会的地位，使教会能够绝对地、永远地凌驾于一切现实中的国家之上。

从“永恒存在的事物”和“非永恒存在的事物”这个大前提出发，奥古斯丁还在法律观上阐明了“神法”和“人法”的区别。他借鉴了古希腊斯多葛学派、尤其是西塞罗的自然法理论，并加以神学主义的发挥，提出了“神法”（“上帝的法律”或“永恒法”）和“人法”（国家的成文法律以及国家认可的风俗习惯）。他认为，“神法”是上帝创立的，是根本的、永恒的，是绝对正确的公理，因为“只有最高的上帝，才最明白对人的犯罪施行适当的惩罚”。“神法”具有绝对性和原则性，但在运用时又是灵活的，能够因时、因地制宜。他说：“天主的法律一成不变，不随时间空间而更改，但随时代地区的不同而形成各时代各地区的风俗习惯。”“人法”则是“神法”的派生物，必须要体现和符合“神法”的要求。奥古斯丁强调：“如果人法不是人们从神法中得来，那么人法中就没有一条条文是公正或合理的。”不公正或不合理也就是非正义的，而“法律如果是非正义的，它就不能存在”。奥古斯丁所称的“神法”，其实在很大程度上也就等同于教会法，可见他的一系列主张都是为维护基督教会的神圣地位而服务的。

奥古斯丁的这种以神学为基础的政治、法律思想，传播了基督教会的学说和教义，巩固了教会的权威，在西方基督教文化的发展中起了重要的作用。特别是他的“神国”论，作为中世纪发端的理论，长期统治着基督教的思想阵地。奥古斯丁的著作是基督教的思想宝库，无论是对罗马天主教，还是对后来的新教都产生了巨大的影响。

“让神来决定我们的命运”

——日耳曼法中的司法决斗

司法决斗是在日耳曼法中首先确立的。日耳曼人是古代欧洲的大部族，在罗马时代，主要分布在罗马的北面，被罗马人称为“蛮族”。罗马帝国后期，日耳曼人与罗马人的接触日益增多。公元395年，罗马帝国一分为二，东、西罗马帝国分别成立。公元4世纪起，日耳曼人开始大量涌入西罗马境内，最终灭亡了西罗马帝国。在此过程中，日耳曼各部族纷纷建立自己的王国，主要有法兰克王国、勃艮第王国、伦巴德王国、西哥特王国、东哥特王国等。日耳曼法就是指欧洲早期封建制时期（公元5世纪至9世纪）在这些日耳曼国家中适用的法律的总称。

▲这幅画描绘的是司法决斗场景，当时的人们认为决斗的结果将无可争议地判定有罪与否。而事实上，这种决斗存在很大的运气因素。

日耳曼法的发展水平比较低，许多制度都比较简单，但是在诉讼证据上却颇有特色。日耳曼法最初沿袭的也是火灼、水浸等古老的神明裁判制度，通过让当事人接受某种肉体折磨或考验来证明案件事实。公元501年，勃艮第国王耿多巴德鉴于在诉讼中伪证泛滥，明令在审判中可以通过决斗来取“证”，由此揿开了司法决斗的历史，并被日耳曼诸国普遍仿效，在以后约600年的时间中成为一种重要的司法手段。

司法决斗也是一种特殊的神判法，与其他神明裁判方法不同的

司法决斗与乡村运动会上的体育娱乐一样。

——英国法学家布莱克斯通

是，它是一种双方证明方法。当时的法庭和司法程序还很粗陋，不仅没有今天这样先进的取证技术，也没有后来发展出来的细致严格的法庭诘辩程序。当法庭上的控、辩双方说词相互矛盾，而又要辨明真伪、两者必取其一的时候，就通过决斗来解决。法庭在通知当事人出庭的时候，会附带告知："带着你的剑来。"有时候，当事人甚至提出要和法官决斗，以证明自己的"清白无辜"。在决斗中获胜的一方的陈述被认为是事实，不敢决斗或者在决斗中败北的一方被认为是做了虚假的陈述，所以胜利者同时胜诉，而斗败者则败诉。因为那个时代的人们都崇拜和敬仰神灵，人们笃信，主宰一切的神在冥冥之中关注着人世，说真话的人能够得到神的保佑而胜出，无论他是强是弱都如此。决斗就是让神来作出判断，决定诉讼双方的命运，神是英明公正的，所以决斗的结果一定能揭示事情的本来面目。

司法决斗在勃艮第法中被确立以后，在日耳曼诸国中逐渐流行起来。一个著名的例子是，公元7世纪中叶，伦巴德贵族阿达鲁夫引诱王后古德波佳但遭到拒绝，他恼羞成怒，诬告王后谋反，国王偏听偏信，下令囚禁王后3年。古德波佳是法兰克公主，法兰克国王多次派人到伦巴德交涉，要求释放她，都没有如愿。最后两国商定以决斗来证明王后到底是清白还是有罪。阿达鲁夫在决斗中被击败，古德波佳从而得以恢复名誉和地位。在诺曼征服以后，英国也从西欧引入了司法决斗制度。而且，随着司法决斗的盛行，纯粹因为个人恩怨而挑起的私人决斗也出现了。

以今天的眼光来看，用司法决斗来判断是非、裁决案件简直是太荒唐了。它名义上是由神来决定双方的命运，实际上却是以当事

▲水判法
水判法就是将犯罪嫌疑人捆住手脚投入水中，如嫌疑人浮起则表明其无罪，如沉入水底则表明其有罪。在这种检验中，多数人都能安然脱罪。

人哪方更加勇武、强壮以及决斗技巧孰高孰低来决定证据的真伪，这无疑是不科学的，按这种非理性方式作出的裁判也肯定存在很多冤屈。当然，司法决斗比起把当事人投入水火之中等原始的神明裁判方式还是稍稍进步一些，它更多地与当事人的意志、状态相联系，给了当事人更多自我控制命运的机会。在某些场合，负罪感会使人们在决斗时精神紧张或丧失斗志，所以决斗的结果有时也是符合事实真相的。

10世纪以后，罗马天主教的发展进入全盛期，近乎取得了对世俗权力的领导地位。教皇多次提出要禁止司法决斗，指出其在本质上是违反基督教非暴力与和平原则的，是对上帝的蔑视，从来没有在神法中得到过确认。一些神学家也认为，司法决斗凭借武力决定胜负，对体力弱小者不可能是公平的司法程序，因而是非正义的恶习。于是，教会规定在决斗中死亡的人不得在教会的墓地安葬，这就在一定程度上抑制了司法决斗之风。另一方面，随着司法程序和取证手段的进步，世俗的君主们也开始着手改革野蛮原始的诉讼制度。英国国王亨利二世（1154～1189年在位）统治期间进行了重大的司法改革，其主要内容之一就是废除神明裁判的方法，禁止司法决斗，而代之以誓证法（诉讼当事人向神宣誓，以证明自己所言的真实性）。其他西欧国家也相继进行了一些改革，于是神判法和司法决斗开始衰落下去。不过各国法律对司法决斗的废止是一个极其漫长的过程，直到16世纪、17世纪，司法决斗这一在西欧法制史上一度盛行的制度才完全退出历史舞台。

◀这幅画描绘的是中世纪的审判场景：在法官的主持下，6名证人起誓证明犯人有罪。

查士丁尼的伟大贡献

——罗马法典编纂运动

▲查士丁尼，东罗马帝国皇帝，他竭尽全力重新统一了古罗马帝国。虽然他的成功是短暂的，但他给后世留下了光辉灿烂的遗产——《国法大全》。

查士丁尼为什么要进行法典编纂呢？这主要有两方面的原因。客观上来看，法典编纂是当时的大势所趋。至查士丁尼所处的时代，罗马法已有700余年的发展历史。罗马法的渊源非常丰富，包括习惯法、民众大会制定的法律、元老院决议、长官的告示、皇帝发布的敕令以及法学家的各种解答等，这些都具有法律效力。罗马又是个尊重传统的民族，不轻易废法，这就导致罗马法的内容极其庞杂，内部存在许多矛盾和不统一之处。要使法律更加适应社会发展的需要，就必须加以重新整理和审定，剔除过时的部分，修正不精确或相抵触的部分，填补有欠缺的部分，使之成为比较系统的法律。而法典编纂正是使法律系统化的一种好方法。在查士丁尼之前，罗马的皇帝们已经认识到这一点并开始着手进行了一些编纂活动，比较著名的有《赫摩根尼安法典》、《狄奥多西法典》等，这就为查士丁尼时期大规模的法典编纂奠定了基础。主观上说，编纂法典也与查士丁尼的宏图大志和他对法律的认识有关。公元395年，盛极一时的罗马帝国一分为二。查士丁尼在公元527年即东罗马帝国皇位时，西罗马帝国早已被强悍野蛮的日耳曼人灭亡，东罗马帝国也呈现出衰败之势。这位雄心勃勃的帝王决定励精图治，重振罗马帝国往日的雄风。他采取了攘外和安内两手，对外政

法学家创造了罗马法。

——古罗马法谚

策上运用战争进行征服，对内则利用法律来实施治理。查士丁尼认为，皇帝的威严、光荣不但依靠兵器，而且需要用法律来巩固。只有借助法律的力量，才能维持良好的秩序，实现国家的大治，这是使国家兴旺发达并不断向外扩张的基础。对法律的重视，也促使他组织编纂法典以使法律更好地发挥其效用。

于是，从即位的第二年起，查士丁尼下令成立法典编纂委员会，从公元528年到534年，仅6年时间，就先后完成了3部法典的编纂：

1.《查士丁尼法典》。此法典共12卷，主要是对历代皇帝的敕令进行整理。第1卷为教会法和国家公职人员的权利和义务；第2卷至第8卷为私法；第9卷为刑法；第10卷至12卷为行政法。各卷分章节，所载敕令按年月日顺序编排，并附有颁布各项敕令的皇帝的名字。

2.《查士丁尼法学总论》，又名《法学阶梯》。这是以著名法学家盖尤斯的同名著作为蓝本，采其结构体系，又参照了其他法学家的著作，按照新法典的精神编纂而成的。《查士丁尼法学总论》是学习罗马法的钦定教科书，具有法律效力。它融合了罗马法的全部原理，其概念准确、条理清晰、文字浅显、简明扼要，是体现罗马法精髓的经典之作。此书共分4卷98篇，另有序言在前。在序言部分，查士丁尼首先向有志学习法律的青年们致意，继而说明法律的意义、编著《法学总论》的由来及其特点，鼓励青年们努力学习并希望他们学成后能够报效国家。正文部分内容依次是人法、物和遗嘱、法定继承和债、侵权与诉讼。这种按照主体、主体权利和对主体权利的保护来编排顺序的编纂结构明晰而合理，对近现代民法的体系产生了深刻的影响，至今我们仍能在各国民法典中见到它的影子。

3.《查士丁尼学说汇纂》，又称《法学汇编》。《学说汇纂》卷帙浩繁，共50卷，为查士丁尼立法中最为庞大和丰富的部分，内容主要是公元前1世纪至公元4世纪的著名法学家的著作、学说和法律解答的选编。《学说汇纂》总共包括了39位著名法学家的50多种著述的精华，对其基本保持原貌，仅就悖于时代精神的内容和各种著述中的冲突之处予以删除。应该注意到的是，罗马法的一大渊

▶ 这幅马赛克拼图出自拉文纳圣维塔勒教堂，表现的是查士丁尼及其高僧和朝臣扈从。查士丁尼头上的光环代表他至高无上的地位。

源就是法学家的著述，罗马从奥古斯都时期（公元前31～前14年）就开始赋予若干法学家对法律的解释以法律效力。到查士丁尼编纂《学说汇纂》时，法学家们的学说论著更是直接被载入法典之中，成为裁判案件的依据，所以在罗马流传着一句法谚："法学家创造了罗马法。"

在完成上述三部法典的编纂之后，为了适应经济发展和调整新出现的社会关系的需要，从公元534年至565年的31年间，查士丁尼又发布了168条敕令来对三部法典进行补充。在他死后，法学家将这些新的敕令汇编颁行，称之为《查士丁尼新律》。至此，一场规模浩大的法典编纂运动终于落下了帷幕。

四部精妙绝伦的法典，汇集了罗马法的全部精华，被后世统称为《国法大全》。因其主要内容为民法，故亦称《民法大全》。它的问世，标志着罗马法已经发展到最成熟、最完备的阶段。罗马法对后世产生了深远影响，其规范化的结构体系成为欧洲大陆大部分国家法律发展的基础，为大陆法系的形成起了奠基作用。同时，罗马法的许多具体制度、原则、概念和术语，如法人制度、物权制度、"不告不理"原则、契约自由、占有、代理、不当得利、过错责任等都为现代民法所直接继承，对调整社会生活发挥了广泛而深刻的作用。

伊斯兰学说的缩影

——宗教色彩浓厚的伊斯兰法

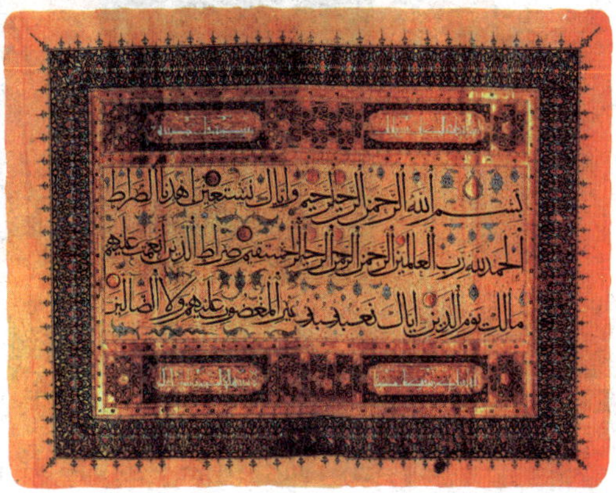

▲在这本《古兰经》首页，围绕阿拉伯经文四周的是令人眼花缭乱的几何图案。

伊斯兰法是伊斯兰教法的简称，于公元7世纪初产生于阿拉伯半岛，是伴随着伊斯兰教的创立和阿拉伯民族国家的形成而逐步发展起来的。公元610年，伊斯兰教的先知穆罕默德(公元570～632年)接受了真主安拉的启示，受命为圣，开始在麦加进行艰苦卓绝的传教活动。他要求人们放弃对各自部落保护神的崇拜，转而信仰宇宙间唯一的真主安拉。在传教中，穆罕默德建立了政教合一的穆斯林公社。信仰伊斯兰教的队伍日益壮大，引起了麦加贵族的仇恨与惊恐，他们开始疯狂镇压穆斯林（伊斯兰教教徒）。公元630年，穆罕默德终于率领穆斯林大军打败了麦加贵族，迫使他们投降。不久，整个阿拉伯半岛基本皈依了伊斯兰教。穆罕默德遂在穆斯林公社的基础上建立起了统一的阿拉伯国家，在这个过程中，伊斯兰法诞生了。它本来是以伊斯兰教的学说和教义为基础的，适用于全体穆斯林的有关伊斯兰宗教、政治、家庭和个人生活的行为准则的总称，而不是像普通法律那样由国家立法机关颁布并适用于全体居民。但是，由于政教合一，这些准则、规定无疑同时具有法律规范的性质。

一切赞颂，全归真主，全世界的主，至仁至慈的主，报应日的主。我们只崇拜你，只求你佑助，求你引导我们上正路，你所佑助者的路，不是受谴怒者的路，也不是迷途者的路。

——《古兰经》

伊斯兰法没有独立的

表现形式，其内容全部来自伊斯兰教的学说，宗教色彩很浓。德国著名学者约瑟夫·夏赫就曾经精辟地描述过伊斯兰法和伊斯兰教的密切关系："伊斯兰法是伊斯兰学说的缩影，是伊斯兰生活方式的最典型的体现，是伊斯兰教本身的精髓和核心。"伊斯兰法的基本渊源有4个：1.《古兰经》，是先知穆罕默德在传教过程中以真主安拉"启示"的名义陆续颁布的经文，是伊斯兰教的最高经典，也是伊斯兰法的根本渊源，具有至高无上的地位。2."圣训"，它是穆罕默德的非启示性言论、行为和生活习惯。虽然"圣训"并非安拉的启示，但是出自安拉的使者，因而也有极大的权威性，是仅次于《古兰经》的法律渊源。3.教法学，是研究伊斯兰法的学问，它主要通过对《古兰经》和"圣训"的研究，发现体现于其中的教法原则和精神，解释其基本含义并推导和创制出新的法律规则。4.政府的行政命令、习惯和外族法律。这些必须要先经过伊斯兰化，才能成为法律渊源。

按照上述法律渊源的规定，伊斯兰法的基本内容有：

一、关于穆斯林基本义务的规定。伊斯兰法主要是一个义务性的体系，对穆斯林的义务性规定居多，权利却很少问津。在义务中，最重要的是"五功"，这是穆斯林必须要履行的，否则就要受惩罚。五功具体是：1.念功，要求穆斯林在一切重要场合都必须口诵"我作证：除安拉外，再无受拜的；我又作证：穆罕默德确是安拉的仆人和使者"这句经文。2.拜功，即做礼拜，是穆斯林向安拉归顺、感恩、赞颂、祈求和忏悔的宗教义务与仪式，如放弃做礼拜即丧失穆斯林资格。3.斋功，即斋戒，要求穆斯林在每年回历9月斋戒一月。4.课功，即法定施舍，穆斯林的财产达到一定数额时必须按一定的比例进行施舍，以使财产洁净，后来则演变为税收。5.朝功，即到

▲礼拜是穆斯林重要的"五功"之一，在伊斯兰教产生初期，穆罕默德每日都进行五次礼拜。

麦加克尔伯神庙朝圣。伊斯兰法规定每个穆斯林一生至少要朝圣一次。“五功”构成伊斯兰法的基础。

二、土地制度。按照伊斯兰法的规定，土地是安拉的财产，只有先知及其继承人哈里发才有权支配土地，阿拉伯贵族和普通自由人只有占有权。

三、债法制度。伊斯兰法中已有契约所生之债和致人损害所生之债的区别。由于宗教的影响，伊斯兰法特别强调致人损害无论因何缘故都必须赔偿；契约债务必须要履行，不得违背约言。同样出于宗教原因，《古兰经》明确宣布禁止借贷时放利，认为收取利息是违背安拉意志的。

四、婚姻、家庭和继承制度。按照伊斯兰教学说的精神，伊斯兰法允许一夫多妻制，规定离婚的主动权全掌握在丈夫手里。妇女在家庭中处于从属地位，继承权只有男子的一半。另外，还规定妇女不能随便在人面前显露身体容貌，不能直接和其他男子交谈。

五、犯罪和刑罚制度。为了维护伊斯兰教宣扬的道德观念，《古兰经》规定了对一些犯罪要予以严惩，如盗窃罪要砍手脚，已婚男女通奸要处以石刑等。

随着阿拉伯帝国的扩张，伊斯兰教迅速向外传播，形成了一个空前广大的伊斯兰教穆斯林世界。伊斯兰法遂成为西亚、北非许多国家中占统治地位的法律，伊斯兰法系逐渐形成。近现代以来，随着经济发展和各国法律融合趋势的增强，伊斯兰国家纷纷进行了法律改革，在刑法、诉讼法和与经济发展密切相关的民商法领域，大量引入了西方资本主义国家的法律制度和原则。但是在婚姻、家庭、继承、宗教义务等与经济发展关系不大的社会关系领域，伊斯兰法仍然占有统治地位。从总体来看，伊斯兰国家仍将伊斯兰法视为法律的基本渊源，这使他们今天的政治、法律制度以及社会生活依然呈现出浓厚的宗教色彩。

知识点击

伊斯兰法系

伊斯兰法系是由信奉伊斯兰教的阿拉伯各国和其他一些穆斯林国家的法律所组成的伊斯兰法律家族，又称阿拉伯法系。它是世界著名五大法系（印度法系、中华法系、伊斯兰法系、英美法系和大陆法系）之一，也是东方三大法系中至今唯一的活法系（印度法系和中华法系从整体上看已消失，被称为“死”法系）。

大学法学教育的摇篮

——中世纪波伦那大学的法学教育

中世纪意大利的波伦那大学以法学教育而闻名于世，被人们誉为大学法学教育的摇篮。

在波伦那大学创立之初，法学教育只是其教育体系中很小的一部分，被归在“自由学艺”（意为让自由人学习的技艺，包括文法学、辩证法、修辞学、算术、几何学、音乐以及天文学等）中的修辞学科目之中，没有独立的地位。法学教育成为独立、系统、正规的大学教育，与罗马法的复兴以及一位叫伊纳留斯（约1055～1130年）的法学教师的功劳密不可分。众所周知，公元476年西罗马帝国被日耳曼人灭亡以后，虽然东罗马帝国继续适用罗马法，并且查士丁尼皇帝还进行了大规模的法典编纂，但是在西欧，除了少数罗马人聚居区外，罗马法已基本湮灭。然而，10世纪以后，西欧的社会生产力有了显著提高，城市大量涌现，工商业迅速发展，这种情况使相对简单、粗陋、分散的日耳曼法和教会法越来越不能适应社会的需求。人们开始将目光重新投向“以私有制为基础的法律的最完备形式”——罗马法。于是，以11世纪末在意大利北部发现《查士丁尼学说汇纂》原稿为契机，一场复兴罗马法的运动揭开了序幕。伊纳留斯积极参与到这场运动中，他埋头于法典的勘察和注释工作，并把研究成果教授给学生们。从此，对《国法大全》的注释、讲授和研究活动逐渐在波伦那大学开展起来。同时，对罗马法认识的深入也使得越来越多的学生热衷于学习罗马法。由于《国法大全》体系庞大，内容

在中世纪大学中，数量最多的、领头的学科是法学。

——英国大学史专家拉什达尔

丰富，要求教师必须有精深的知识和专业的研究，而学生们除了集中精力学习《国法大全》以外，也无暇再去修习别的课程。这样就使法学教师和学生形成了一个专事法律的集团，专门的、独立的法学教育应运而生。而且，随着复兴罗马法热潮的兴起，波伦那大学法学院学生云集，成为欧洲各国法科学生的朝圣之地。法学教育在波伦那大学教育体系中的地位也日渐提高，最终成为波伦那大学教育的中心。

▲波伦那夜景俯拍

在波伦那大学，法律课程设置从大的方面来说，主要分为教会法和市民法（即罗马法）两种。法学教师的地位非常崇高，当时市民称市民法教师是"高贵的人，至高无上的市民"，教会法的教师稍低一等，但也非常受尊敬。

中世纪的大学并不像现在的大学那样用巨大的建筑物作为单一的教授和学习的场所，而是由单个教师的私塾学校组成的集合体，所以讲课都是分散在教师的家中和教会的小教区中进行。其规模因教师受欢迎程度的不同而有很大差异，少的只有十几人，多的则有500余人。当时，用作市民法课程的教材，主要是查士丁尼的《国法大全》以及各种注释、改编、节录本，如《旧学说汇纂》、《新学说汇纂》、《学说汇纂补遗》等；作为教会法课程的教材，主要是12世纪波伦那教会法学家格拉梯安努斯编写的《格拉梯安努斯教令集》。教学主要是由教师按照大学条例规定的内容和形式，对市民法和教会法的作品进行讲解。讲课进度由师生之间的合同予以约定，教师如果违反了要被处以罚款。在教学活动中，也有学生提出各种问题，让老师开课回答甚至著书的情况。例如有一位教授在其著作的序中，曾这么写道："我，市民法教授某某，为了满足我的学生的希望和要求……特写成本著作。"辩论也是在课堂上经常采用的一种方式，通常由两名学生或两组学生进行对辩；也可以由一个学生提出问题，接着自己从正反两方面阐述论据进行自辩，最后再由教师作出总结。此外，有时教师与教师之间也围绕某个法律问题在广场上进行公开论战，并且吸收学生参加。辩论对于培养学生的逻辑思维能力和语言表达能力有重要的意义，在今天的法学教育中仍然是重要的教学方法。

学习结束后要进行考试，当时的学生考试是在教会的司教馆、司祭馆中进行的。一般的考试是先由学生向教授会议提出，经讨论确定日期后进行。学位考试则是先由指导教授将考生介绍给教授会议的议长，接着进行宣誓，表示忠诚于教授行会规则，之后的第8天再举行考试。考试采用即席式口试，而后进行投票。在波伦那大学早期，硕士是医学和其他文科的学位，博士才是法学的学位。法学专业的学习年限较长，要取得博士学位大约需要8年的时间。

波伦那大学的法学教育为传播罗马法知识、培养法律人才做出了重大的贡献。这里汇集了西欧各国有志于献身法律事业的青年。据史料记载，1200年各国赴波伦那大学学习罗马法的学生超过1000人，这些学生学成归国后都成为各国法学研究和教育的中坚力量，并且有力地促进了罗马法在本国的复兴。同时，波伦那大学所开创的大学法学教育的内容、模式、方法和传统，深深影响了整个西欧。从12世纪起，意大利其他城市，以及法国、德国、西班牙、葡萄牙和英国等，纷纷模仿波伦那大学的办学模式，创立了世界上最早的一批大学。

◀这幅浮雕反映的是中世纪意大利波伦那大学的学生全神贯注地听法学课的场景。

中世纪法学荒漠里的绿洲

——商法和海商法的产生

商法是指调整商人之间因商事活动所产生的纠纷的法律的总称。狭义的商法，仅指调整内陆一般商业活动，如合伙、保险、票据、集市贸易等的法律；广义的商法也包括调整航海贸易的海商法在内。商法的历史最早可以追溯至公元前18世纪古巴比伦王国的《汉谟拉比法典》，这部法典中已有关于买卖、交换、运送等商业契约的规定。在此之后的古希腊和罗马都是商业贸易发达的国家，也颁布过许多商事方面的法律规范。然而，商法成为一个独立的法律分支却是在中世纪的时候。

商法是以商人为主体、以商业活动为对象的法，因此，商法得以产生和发展必然和经济的发展以及商人阶层的兴起密切相关。10世纪和11世纪时，西欧封建制度被确立下来，社会进入相对稳定与和平的时期，城市人口、规模都迅速增长。同时，农业耕作方法上二圃制和三圃制的运用，使农业生产力有了显著提高，产生了大量可以用于交换的剩余农产品。这些都为商业的发展提供了空前的机会，于是出现了一个穿梭于城市、乡村和港口之间从事大规模商业贸易的新的职业阶层——商人阶层。意大利是最受商人们青睐的贸易场所，因为它地处地中海，贸易条件得天独厚，因而商品经济异常活跃。在进行商业交易时，商人们难免会产生一些纠纷，需要有一套规则来加以调整。而意大利又是罗马法复兴的发源地，对继承建立在高度发达的商品经济基础上的罗马法有着不可替代的优势。于是，近代商法首先在意大利产生就是顺

> **商业革命有助于造就商法，商法也有助于造就商业革命。**
>
> **——美国法学家伯尔曼**

理成章的事了。最早的一部商法汇编是11世纪末由位于意大利那不勒斯附近的阿马尔菲共和国颁布的《阿马尔菲法典》。据说它刻于铜板上，被置于公共场所，为意大利所有共和国的商人所接受，具有很强的约束力。

12世纪以后，随着工商业的繁荣，定期集市在西欧各地蓬蓬勃勃地发展起来，遍及意大利、法国、德国、西班牙诸城市。其中尤以法国的香槟集市规模最大、声誉最响，最多时达到50个市场，吸引了大批外地和外国商人，成为巨大的国际性集市。在频繁的商业交往中，香槟集市逐渐形成和发展起一系列有关集市贸易的商事惯例和规则，内容涉及集市贸易的交易日期、交易程序、集市管理、关税征纳、货币流通制度、度量衡标准、集市法院审判、集市中的银行法规、商人组织、契约以及治安管理等方面。随着商人的流动，这些规则也被带到法国其他地区以及西欧其他城市，促进了各地商法的统一。各城市、各地区之间经常通过订立条约的方式来约定对某些商事规则的共同适用，久而久之，就形成了一种全西欧都普遍适用的国际性的商业法律规范，即共同商法。

▶随着海上贸易在国家经济生活中的地位日益提高，各国对阻碍贸易发展的海盗深恶痛绝，纷纷出台相应的旨在惩治海盗行为的法律，严厉打击海上犯罪。被抓获的海盗多数难逃一死，且要将尸体悬挂示众。

在内陆城市集市商业贸易繁荣发展的同时，以地中海、北海、波罗的海沿岸城市为主的海上贸易也在并驾齐驱地向前发展着。意大利不仅内陆贸易发达，而且海上贸易也非常兴盛。于是以船舶管理、货物装载、遇难保护和海运保险等为主要内容的海商法就在威尼斯、热那亚、比萨等城市和港口最早形成起来。到12世纪，海上贸易向北推进，法国和西班牙海岸的马赛、巴塞罗那、维罗那等城市成为著名的商城。此外，北欧波罗的海的一些新兴城市，与北海诸港联合，结成著名的“汉萨同盟”，也使得海上贸易迅速振兴。至13世纪，欧洲已形成四通八达的海上商贸通道，地中海沿岸城市和波罗的海沿岸城市的海上货物运输十分便利。与此同时，为了协调海上贸易关系，保障各方的利益，共同认定和遵守一套有关海事贸易的规则也就成为势在必行之事。于是，和内陆商法一样，海商法也逐渐成为一种国际性的，普遍适用于海上商业贸易、船舶和航运方面的法律规范。

▲拥有160个加盟城市的汉萨同盟虽然控制着通向法国南部的陆路商道，但主要经营海上贸易。在贸易发展中，他们也逐渐形成了一套有关海事贸易的共同规则，普遍适用于各个城市之间。这是当时繁忙的汉堡港口。

到了中世纪末期，随着西欧各国君主专制政体的确立，国家主权观念得到了加强，过去由国王、封建领主、自治城市和行会分别行使的立法与司法权逐渐统一到国王手中。于是商法和海商法的属性开始发生变化，逐渐从共同普遍适用的国际化法律转变为主权国家管辖下的国内法。各国相继开始制定自己的商事法律和法令，一些国家还编纂了商法典和海商法典，如法国1673年的《商法典》和1681年《海商法典》等。但是，商法和海商法体现自由、平等精神的基本原则、内容和特性并没有改变。

商法和海商法是商品经济发展的产物，它们反过来又进一步推动了经济的繁荣，带动了整个社会的变迁，促成了资产阶级作为一个阶级的形成。这就预示着一个全新的社会——资本主义社会的到来。也许在回顾西欧的中世纪时，人们常常会扼腕叹息，因为在这漫长的一千年里，原始落后的日耳曼习惯法伴随着征服者的脚步取代了古代发达完善的罗马法，与神学有不解之缘的教会法又占据了法的半壁江山。人类法制文明前进的脚步在这里似乎是戛然而止了，但是不要忘了，在这片荒漠里还有一块为人们送去徐徐清凉之意的绿洲——商法和海商法。

罗马法复兴的大功臣

——注释法学派及其双璧阿佐和阿库修斯

波伦那大学的教师伊纳留斯真是位了不起的人物，他通过对《查士丁尼学说汇纂》的研究，不仅在波伦那大学创立了独立的法学教育，而且还创立了一个崭新的学派。因为他和他的弟子们主要是采用文义解释的方法，在研究过的书籍的页边空白处加以注释，所以人们称这一学派为注释法学派。该学派是罗马法复兴运动中最早出现的一个学派，由于他们的努力，罗马法复兴的星星之火开始燎原并传遍了整个西欧，大规模的罗马法研究运动从此兴起，使得罗马法对后世产生了广泛而深刻的影响。可以说，正是注释法学派，在罗马法学和现代法学之间搭建起了一座桥梁。

得不到注释承认的，法庭也不承认。

——中世纪格言

在伊纳留斯之后，注释法学派还涌现过许多杰出的人物，如被称为四博士的布尔加利斯、高维塞、雅各布斯和拉维纳特等。他们除了在波伦那大学注释、教授罗马法外，还担任了当时神圣罗马帝国皇帝弗里德里希一世的法律顾问，从而使注释法学派的影响扩大至当时的政治领域。然而，将注释法学派发展到顶点并为之赢得广泛声誉的是这个学派的双璧——法学家阿佐和其学生阿库修斯。

阿佐（约1150~1230年），出生于波伦那，意大利人。他年轻时在波伦那大学研习法律，毕业后留校任教。到他所处的年代，注释法学派已经走过了一个世纪的历程，不仅罗马法的文本早已被附上了冗长的注释群，而且后来的注释者又开始以先前注释者的注释作为研究对象，这就把罗马法搞得繁杂不堪。为了弥补这一缺陷，还罗马法一个清晰的本来面目，阿佐决定进行一次完整而系统的注释。经过数年艰苦的工作，他创作了《法典汇编》和《习惯法汇编》等注释集成。

阿佐在进行注释时，不是光停留在文义表面，而是深入挖掘罗

◀欧洲早期的死刑场景，犯人在行刑前游行示众。

马法的立法宗旨和精神实质来作出合乎逻辑的解释。他对罗马法中管辖权的注释就是一个很好的说明。《学说汇纂》规定：“管辖权是一种非常宽泛的职能：它能够提供对物品的占有权、转移占有权，为没有监护人的孤儿指派监护人，为诉讼当事人指定法官。”另外的一些条文也提供了关于管辖权的一些具体的例子以及它在那样的条件下存在的原因。但是纵观整部法典，并没有对管辖权作一个含义精确的界定，这就给人们的理解带来了困难。阿佐在继承前辈研

▲这幅画描绘了中世纪欧洲的审判场景，画面上方身着红衣的是法官。神学权威统治下的中世纪法学荒漠呼唤着罗马法的自由和平等精神。

究成果的基础上，对管辖权进行了注释，提出了一个能够涵盖所有那些例子的定义。他认为，管辖权就是宣告判决和伸张正义的、公开设立的权力和职责。在阐明了定义以后，阿佐进而又对罗马法中的管辖权作了类型的划分，比如“最充分的管辖权”（由君主一人行使）和“次充分的管辖权”（由官吏行使），自愿的管辖权和有争议的管辖权，一般管辖权和特殊管辖权等。他的这些注释，为学习和研究罗马法的人点亮了一盏明灯。

正是由于阿佐的注释水平如此之高超，他注释的文献一面世即受到广泛的欢迎。一般的法学人士都全身心地钻研他的著作，对他所作注释的重视程度丝毫不逊色于《国法大全》本身。阿佐的注释还成为出庭审案者不可或缺的工具书，因而当时流行着这样一句俗语：“不读阿佐的书，就不能登宝殿（法庭）。”阿佐不仅在欧洲大陆获得了崇高的声誉，他的影响还波及海峡对岸的英国。英国13世纪著名法学家布雷克顿的法学名著《关于英国的法和习惯》中引用的罗马法资料，也大多是阿佐的作品。

在阿佐之后，他的学生阿库修斯（约1182～1260年）又使注释法学派的发展到达了新的高度。阿库修斯继承了老师的事业，致力于对《国法大全》注释的汇编和总结工作。他穷尽毕生精力，用40年时间完成了传世巨著《通用注释》，这是对注释法学派创立以来约150年间历代注释法学家作品的总结和升华，内容涉及《国法大全》的各个领域，被认为是对《国法大全》的标准注释书。《通用注释》具有极大的权威性，这可以从当时的一句格言中得到充分说明：“得不到注释承认的，法庭也不承认。”这里所说的注释，

延伸阅读

评论法学派

在继承注释法学派传统的基础上，13世纪到15世纪期间欧洲又兴起了评论法学派。他们注重法律实践，着眼点不是罗马法本身，而是罗马法和教会法、日耳曼习惯法以及中世纪城市法的结合，目的在于应用罗马法。除注释方法外，他们着重论述，因此被称为“评论法学派”。主要代表人物是巴尔多鲁（1314～1357年）和巴尔杜斯（1327～1406年）。

就是指阿库修斯的注释。阿库修斯这部作品的影响遍及欧洲各地，直至中世纪后期。在有些地方，如德国等地，其影响则一直延续至17世纪。

阿佐和阿库修斯的作品，尤其是阿库修斯的《通用注释》，标志着注释法学达到了最高峰，但同时也使罗马法学在注释方法内已无法发展。阿库修斯恐怕自己也没有想到，他的《通用注释》虽然是注释法学派的集大成之作，却也成了该学派的终结性作品。因为在这部著作面世以后，以前的注释逐渐不为人们所重视，以后的注释又难以有新的突破。人们唯阿库修斯的著作是尊，或者是碰到任何问题都以之为准，或者是对其照抄照搬、简单重复，注释法学派开始走向衰落。但是，在西方法学发展史上，作为罗马法复兴的大功臣，注释法学派的光辉作用是不容抹杀的。

“把异端分子从世界上消灭掉”

——神学家托马斯·阿奎那

阿奎那（1225～1274年）是西欧中世纪著名的神学家和政治思想家。他14岁进入那不勒斯大学攻读哲学、法学和神学，大学学习未结束就决心献身基督教事业。25岁时他成为神父，不久即登上巴黎大学的讲坛讲授神学和哲学。在此期间，他撰写了许多的著作，包括《神学大全》、《论真理》、《反异教大全》和《论君主政治》等。其中《神学大全》充分体现了阿奎那的思想体系，是基督教神学的经典之作，阿奎那凭借此书成为继奥古斯丁以后最大的神学权威。

在《神学大全》里，阿奎那阐释了自己的法哲学思想，对法的概念、性质、目的等都作了精到的论述。他认为法是人们赖以导致某些行动和不作其他一些行为的行动准则或尺度；法的表现形式是一种意志，但是这种意志受着理性的制约；法律的首要和主要目的是公共福利的安排。这些观点都具有相当的合理性和科学性。但是，在法的分类上，阿奎那完全是以神学世界观为指导的，其维护上帝以及基督教会地位和权威的目的昭然若揭。他对法的分类及其解释，只是为了将全部法学置于神学的控制之下，使法学成为“神学的婢女”。

阿奎那认为，整个宇宙是由上帝、理性和政治权威这三重秩序构成的，据此，他把法律分为四类：永恒法、自然法、人定法和神法。

▲托马斯·阿奎那是最早把亚里士多德著作引进基督教思想的学者之一。在14世纪比萨画家弗朗西斯科·特雷尼的《圣托马斯·阿奎那的杰出成就》中，阿奎那处在亚里士多德（左）和柏拉图（右）之间。

第一，永恒法。永恒法是上帝的智慧规则，上帝以此来统治整个宇宙，指挥宇宙万物的运动，所以永恒法是最高的法，是所有其他法律的源泉。阿奎那说：“如果世界是由神治理的话，宇宙的整个社会就是由神的理性支配的。所以上帝对于创造物的合理领导，就像宇宙的君王那样具有法律的性质……这种法律我们称之为永恒法。”在阿奎那看来，上帝在超时空的永恒中计划了一个宇宙的蓝图，规定了宇宙中

一切法律只要与真正的理性相一致，就必须从永恒法中产生。

——托马斯·阿奎那

一切事物的本性，宇宙的出现是上帝计划的结果，宇宙间的自然秩序是上帝意志的反映，万事万物无不遵循上帝的意志去实现各自的本性和目的。

第二，自然法。在古希腊罗马思想家和法学家如西塞罗等人的心目中，自然法是最高的法律，而阿奎那却将自然法的地位降到永恒法之下。阿奎那认为，一切事物都受神意的支配，但是，与其他一切动物不同，作为理性动物的人是以一种非常特殊的方式受着神意的支配。他们不仅能够理智地支配自己的行动，而且还支配着其他动物的行动，所以他们在某种程度上分享神的智慧，是神意本身的参与者。这种有理性的动物——人所参与的永恒法，就叫做自然法。自然法是上帝统治人的法律，是永恒法在人类身上的体现。

第三，人法。人法是现实国家所制定的法律，是以自然法的原则为基础而制定的。阿奎那说："人类的推理也必须从自然法的箴规出发，仿佛从某些普通的、不言自明的原理出发似的，达到其他比较特殊的安排。这种靠推理的力量得出的特殊的安排就叫做人法。"他把人法分为万民法和市民法两类，认为万民法的规则是直接记录自然法的；而市民法的规范是根据各城邦的特殊需要制定的，但也是对自然法个别、具体的应用。人法既然是以自然法为基础，而自然法又是永恒法的一部分，所以人法最终的依据当然就是上帝的永恒法。

第四，神法。阿奎那所称的神法就是《圣经》，他把神法看成是来自上帝的直接启示。为什么阿奎那要在自己已经无孔不入地渗透了神意的法律体系中再加上一个神法呢？首先他认为，人法从属于自然法，但自然法是普遍的、抽象的，人们难以完全、透彻地认识。其次，人法天然地具有内在缺陷，对此他主要给出了三点理由：人法注定要追求一种永恒的福祉，而这是人类天然的才能所不能达到的；人类的判断不可靠，不同人会做出不同的判断，并且从这些

▶中世纪宗教法庭的审判场景。

判断中产生不同乃至相反的法律；人法不能指挥和规定人的内心活动，而人的最终目的是要过一种有德行的生活。因此，人们必须要接受绝对无误的、能够深入内心的、由神所赋予的法律（《圣经》）的指导，作为对抽象的、普遍的自然法的补充和对易发生错误的人法的修正。

通过对法的分类，阿奎那构造了一个以永恒法为核心，以神法、自然法和人法为具体体现的神学法律体系。永恒法是首要的，是上帝的意志，是万事万物的最高主宰；自然法是理性的人对永恒法的参与，而人法是自然法的具体化，自然法和人法最终都受永恒法的支配；神法是神意的直接体现，用以弥补自然法和人法的不足。这也是阿奎那心目中的宇宙秩序，即将国家、法律、君主和臣民都置于上帝的统治之下，并且基督教会享有特殊而优越的地位。这一体系为中世纪基督教会统治整个世俗世界提供了强有力的理论武器，得到了教会的大力推崇和广泛传播。教会在阿奎那生前就给予他极大的支持和极高的声誉，称他为最光荣的“天使博士”，1323年教皇追封他为“圣徒”，1567年他又被命名为“教义师”。直到今天，阿奎那的思想在资本主义世界仍有不小的影响。此外，去掉神学的光环，阿奎那的法哲学理论，尤其是他关于自然法和人法的一些论断也为近代资产阶级所吸收，起到了一定的积极作用。

大陪审团和小陪审团

——陪审制度的起源

现代陪审制度发源于英国，英国在审判实践中最早确立了“大陪审团”和“小陪审团”模式，对其他国家产生了巨大影响。但英国的陪审制并非土生土长，而是从法兰克移植过来的。

在中世纪的日耳曼法中，除了以宣誓和包括司法决斗在内的神明裁判方式来判断证据外，法兰克王国还发展出了一种新的调查程序。在审理涉及王室利益的案件时，不采用当事人宣誓的方法，而是由法官主动召集若干知情人，让他们说明事实真相。后来，这种方法又推及到私人身份和租税等问题的解决当中。法官审理案件时，要从当事人的邻居中挑选可信任的数人，组成“邻人调查团”，再向其成员讯问案件的有关情况。“邻人调查团”即为陪审团的雏形。

陪审团审判的确是我们自由宪政的基础；失去它，整个大厦将毁于一旦。

——英国凯姆顿勋爵

1066年，诺曼底公爵威廉征服英国后，将法兰克王国特有的这种调查制度引入了英国，并在清查全国土地状况的过程中加以运用。在此基础上，1164年，亨利二世颁布了具有重大历史意义的《克拉灵顿诏令》，正式确立了陪审团制度。诏令规定，巡回法官在审理土地纠纷案件和重大刑事案件的时候，应该找12名了解案情的当地居民组成陪审团，陪审员们有义务就案情及被告人是否有罪宣誓作证。1166年，亨利二世再次颁布《克拉灵顿诏令》，规定在凶杀、抢劫、伪造货币、窝藏罪犯、纵火等刑事案件的审判中，必须由陪审团向法庭提出控告，并证明犯罪事实。10年之后的《北汉普顿诏令》又增加了一些必须由陪审团提出指控的罪名。1275年，

▶ 爱德华三世，他颁布的诏令限定了陪审团的人数和职责范围，确立了现代陪审制度的雏形。

爱德华一世颁布《威斯敏斯特诏令》，规定所有刑事案件都应该通过陪审团提出起诉。这些诏令还规定，陪审团的职能除了提出指控外，还包括参与审判，这就等于既是运动员又是裁判员，公正性难以保障，对于被告的正当权利显然是一种威胁。因此，到1352年，爱德华三世颁布诏令，禁止原来设立的陪审团参与审判，同时规定另设一种新的陪审团专门从事对案件的审理，从此，起诉陪审团和审判陪审团得以分离。由于起诉陪审团的人数可以是12人至23人，而审判陪审团人数固定为12人，所以前者又称为大陪审团，后者又称为小陪审团，小陪审团就是我们现在一般所称的陪审团。大陪审团仅存在于刑事案件中，职责主要是确定被告是否有犯罪嫌疑和决定是否要向法庭提起公诉，即调查和起诉职能；小陪审团在民事和刑事诉讼中均可使用，主要职责是进行事实方面的裁判。

陪审制度的出现，使普通公民能够参与司法过程，可以防止法官徇私枉法、独断专行，并纠正其考虑不周之处。同时，陪审团的裁决更能够清楚地反映社会上一般人的观念，因而陪审制度是使司法走向民主化的一个重要途径，这是英国法对世界法制的一大贡献。

15世纪以后，英国的陪审制曾一度走入低谷，一方面是由于这一时期战乱频仍，人们自顾不暇，没有精力参加陪审；另一方面，封建社会末期，专制之风尤盛，统治者肆意干涉陪审团审判，对于作出违背其意愿判决的陪审员常常加以迫害，这更打击了人们担任陪审员的积极性。这种状况到17世纪英国资产阶级革命时得到了改变，资产阶级思想家们为了适应资产阶级向封建统治夺权的需要，将陪审制度塑造成宣扬资产阶级民主、夺取封建司法权的工具，纷纷从理论上论证它的重要性。英国资产阶级革命胜利后，陪审制度在法律上正式得以确立，并逐渐向全世界推广。英国在北美的殖民使陪审制度被带到了这片土地上，独立后的美国通过宪法及其修正案，牢牢确立了陪审制度的独特地位。英国的许多其他殖民地也采用了陪审制度，就连司法制度迥异的法国和德国也借鉴了英国的陪审模式。

然而，虽然陪审制度是司法民主的象征，但它也有自身的内在缺陷。它使司法程序变得繁琐，审判成本大为增加，从而加重了当事人的经济负担和政府的财政负担；它容易导致诉讼迟延，和渐趋快捷的社会生活节奏不甚合拍；而且，随着社会的发展和进步，人们之间的纠纷呈现出复杂化、多样化的趋势，陪审员又是不具备专业知识的普通公民，这也使人们对陪审团裁决的公正性和科学性越来越心存怀疑。因此，20世纪中期以来，陪审制度已明显表现出衰落之势。就大陪审团来说，英国1948年的《刑事司法法》宣布废除大陪审团，从此大陪审团在英国不复存在；在美国，大陪审团尽管继续实施，但其适用范围也受到了一定限制。如有的州规定只有罪行严重时才由大陪审团起诉，有的州规定即使在重罪案件中也可以由检察官经法官预审后直接将被告提交审判从而绕过大陪审团。同时，小陪审团的应用范围也在缩小。根据英国1933年的《司法管理法》的规定，只有在诽谤、诬告、欺诈、非法拘禁案件中当事人才有权请求陪审团参与。1981年的《最高法院规则》则进一步规定，如果陪审团参与会导致审理期限过长，即使对于上述案件，法院也可以决定不采用陪审。至此，只有在极少数民事案件中才可适用陪审。在美国，由于案件大幅增多，法院工作压力加大，民事案件中小陪审团的适用也已非常之少。

▼陪审团和法官正在听取证人陈词。现代陪审制度发源于英国，英国在审判实践中确立的“大陪审团”和“小陪审团”模式，对其他国家产生了巨大影响。

依令状起诉和“大法官的脚”

——英国普通法和衡平法的形成

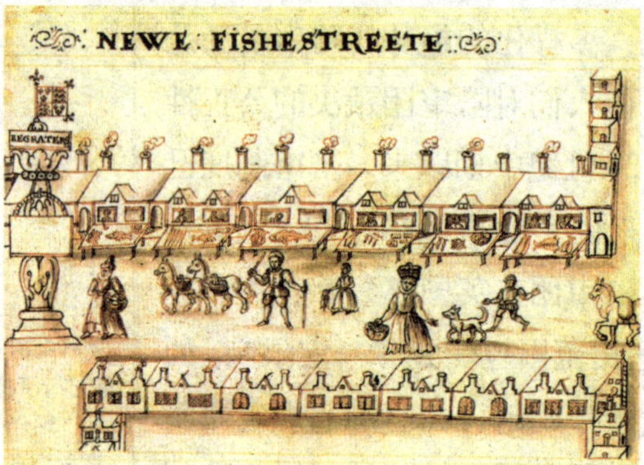

▲普通法的形成，使英国有了比较完整、统一的法律体系。由于有了法律的协调和约束，人们日常的生活和交易变得井井有条起来。图中反映的是英国一个海鲜市场的热闹景象。

1066年，法国诺曼底公爵威廉同英国大封建主哈罗德为争夺英国王位而进行了一场战争，最后战争以威廉的胜利而告终，威廉成为新的英王。当时英国的司法权非常分散，不利于中央集权制的建立，但长期以来形成的传统又难以在朝夕之间改变，威廉于是采取了非常高明的手段。一方面，为了不致引起被征服者的反感，他宣布保留原来的地方法院，继续适用地方习惯法；另一方面，他又要求地方法院根据国王的令状并以国王的名义进行审判，规定原告要向法院起诉，必须首先向国王的大法官申请令状，只有得到了合适的令状法院才可受理，从而巧妙地把地方法院纳入到国王的审判机构中。同时，威廉还在中央设立了一些皇家法院。起初这些法院都只在威斯敏斯特办公，但为了扩大管辖权，建立和维护全国统一的法律秩序，法官们开始到各地进行巡回审判。后来，亨利二世在位期间进行了重大的司法改革，主要内容之一就是颁布诏令使巡回审判定期化和制度化。从此皇家法院的法官们更加频繁地到地方去参与案件的审理，同时也进一步熟悉了各地的习惯法。回到威斯敏斯特后，他们在一起讨论案件，介绍各地的习惯法，交流法律意见。出于统一法律规则的需要，法官们相互承认彼此的判决，并约定在今后的巡回审判中加以适用。久而久之，就形成了通行于全

延伸阅读

遵循先例

遵循先例是普通法和衡平法的基本原则，意为一个法院先前的判决对以后类似案件的判决具有拘束力，即“类似的案件，类似的判决”。普通法和衡平法都是判例法，在审判中都要求要严格遵守先前的判例。

国的法，即普通法，各地的法院也逐渐转化为普通法院。

普通法的形成，使英国有了比较完整、统一的法律体系，但是普通法在实践中也存在不少问题。随着12世纪、13世纪羊毛业和商业贸易的兴旺，英国经济迅速发展，新的财产和人身关系不断涌现，普通法的局限性越来越凸现出来。首先是其形式僵化。依令状起诉是普通法的一大特点，早期的令状是大法官根据实际需要颁发给申请人的，种类上并没有限制。但是到13世纪后期，大法官不再颁发任何不符合先例的新令状。从此，令状及其所代表的诉讼种类、诉讼形式和诉讼程序都被严格固定下来，形成了一套僵化的程式。对于在新的经济关系中产生的纠纷，当事人就申请不到令状，从而无法在普通法院里通过诉讼途径加以解决。其次，普通法是在封建自然经济环境中形成的，内容难免陈旧、落后。还有，普通法的救济方法也非常有限，主要是损害赔偿，而且只能针对现实的损害。然而在错综复杂的案件中，有很多是难以用金钱来衡量的，当事人将来可能遭受的损失也得不到填补。

> **在今后的案件中，如果普通法和衡平法的规则发生冲突，衡平法优先。但是，衡平法必须尽可能地遵循普通法规则，只有在普通法未能提供足够的救济时，衡平法才能干预普通法。**
>
> **——英国国王詹姆斯一世**

当依据普通法得不到保护时，人们就按照自古形成的习惯直接向国王请求裁决。最初国王总是亲自审理，但是，国王毕竟不可能事必躬亲，于是国王就把裁判的重任交给自己的大法官。大法官在审理案件时，采取了简便、经济的程序，以切实解决当事人的争端为宗旨。原告起诉不需要申请令状，只要有起诉书即可。在具体审理时，大法官也不受普通法内容的限制，而主要是根据公平、正义原则和自己的良知来作出判决，创制出了很多新的权利和救济方法。这样，在14世纪左右，就形成了有别于普通法的

▼在英国，鞭打是一种通用的惩罚手段，在18世纪70年代，鞭刑的发展达到了顶点。那时，鞭打可以代替绞刑和流放。

一种新法，因为它是以大法官的良心和正义感为基础发展起来的，因此被称为“衡平法”。由于大法官在审理案件时自由裁量的空间很大，衡平法也被人们亲切地称为“大法官的脚”，意思是它十分灵活，可大可小，具有很强的伸缩性。到15世纪时，大法官及其助手们正式组成了大法官法院，即衡平法院，衡平法逐渐发展成为独立于普通法的一个新的法律体系。

普通法和衡平法形成以后，成为英国最重要的两大法律渊源。虽然由不同的法院创立，并有各自的实施领域、诉讼形式和救济方法，但是二者并非截然对立，而是相互补充、相互依存的。普通法是基础，实施领域是全方位的，救济方法虽然单一但适用却极为普遍；而衡平法从一开始就是作为普通法的补充而出现的，只是一种补偿性的制度，它所关注的也仅仅是那些普通法调整不力的方面。但是，由于普通法和衡平法的管辖范围从来就不是泾渭分明的，所以两大系统之间矛盾和冲突也就不可避免。普通法院的法官们常常痛斥衡平法院干涉普通法院诉讼活动的做法，衡平法院的法官们则针锋相对，声称衡平法院有理由根据强烈的道德心来纠正普通法院的错误。后来，国王詹姆斯一世为这场纷争作出裁决，认为衡平法应当具有优先地位，但是必须以尽可能遵循普通法的规则为前提。这就较好地平衡了两大法院系统的利益，从此“衡平法优先”就成为司法实践中通行的原则。

1875年，英国进行了较大的司法改革，废除了普通法中的令状制度。同时，根据新通过的《法院组织法》，普通法院和衡平法院正式合并，所有法院都可以适用英国法的全部规则。但是，两者之间的差别并没有完全消弭，衡平法也没有彻底消失。直至今日，衡平法仍是创制新规则的重要手段，只是它已经不再有单独适用的法院了。

第三章

近现代法学

进入近现代，人类在法学领域取得了突飞猛进的发展。《独立宣言》、《人权宣言》、《法国民法典》等一批凝结着人类智慧与自由精神的法学作品相继诞生，以平等、自由、民主为本旨的现代法学体系薄曦初现。与此同时，法学的学科架构也不断完善，出现了一大批优秀的法学家和法学流派。他们为近现代法学的辉煌做出了自己的贡献。时至今日，全世界已纳入法制的轨道，人们因此得以享有和平、稳定和幸福。就让我们在宁静中回首尘埃初定的19世纪、20世纪，去感受法学世界中那些激越动人的故事。

礼教派与法理派之争

——清末变法修律

▲清末法部尚书廷杰像

鸦片战争以后，随着中国社会经济和阶级结构的变化，作为上层建筑重要组成部分的法律也不可避免地要发生重大变化。尽管清朝统治者曾一度坚持“祖宗之法”不可改，但在人民革命力量的打击和帝国主义的胁迫下，清朝再也无法照旧统治下去了。于是，20世纪初，清政府进行了一场大规模的修订法律的活动。在修律过程中，出现了各种不同意见的争论，并形成了两个相对峙的派别——礼教派与法理派。他们分别代表两种不同的法律思想，前者奉行封建正统思想，以维护君主专制和纲常名教为主旨，坚持修律必须遵守“中学为体，西学为用”的原则，因而得名“礼教派”；后者则主张以开放的眼光看世界，大胆地吸收和借鉴西方先进的资产阶级法律思想和制度，他们被称为“法理派”。“法理”即“法律之原理”，是西方资产阶级的法学用语。

法理派的主要代表人物沈家本，是清政府任命的修律大臣。当时的修律主要包括两大部分：一是破，即删改旧律；一是立，即制定新律。删改旧律引起的震动不大，进行得还比较顺利。在沈家本的主持下，修订法律馆删削了《大清律例》数百条，又奏请废除了凌迟、枭首、戮尸等酷刑和刑讯等野蛮的旧制度。但在制定新律时，由于法理派移植了西方的一些与中华法系传统格格不入的资产阶级法律制度，遭到了以张之洞、劳乃宣为首的礼教派的猛烈攻击，于是两派之间爆发了三个回合的大规模论战。

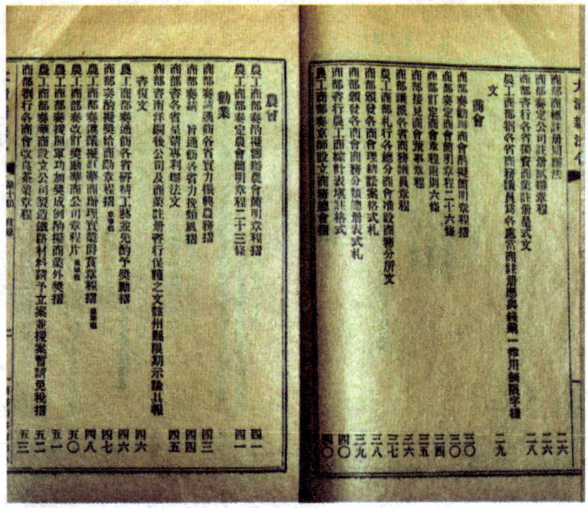

▲大清光绪新法令

礼法之争的第一回合，是从1906年沈家本奏进《刑事民事诉讼法》开始的。这部法律中采用了西方的律师制度和陪审制度，遭到了张之洞的反对。尽管沈家本等人据理力争，但由于督抚大臣们也纷纷表示异议，《刑事民事诉讼法》未及公布即告作废。1907年，沈家本等又奏上《大清新刑律草案》。沈家本指出，《新刑律草案》的制定要旨是“折衷各国大同之良规，兼采近世最新之学说”，但张之洞又对该法大加批判。他以草案中对内乱罪的刑罚不是唯一的死刑为由，指责法理派勾结革命党。还以《奸非罪章》中没有关于对“和奸无夫妇女”（即与未婚女子私通）予以治罪的明文规定，指责其败坏礼教。沈家本等无奈，只得进行修改，把草案中所有关于伦理纲常的犯罪都加重一等。修改稿送交法部后，法部尚书廷杰将之定名为《修正刑律草案》，并在正文后面加上《附则五条》，规定人们如果犯十恶、亲属相奸相殴等事关伦常礼教的重大犯罪，仍然要按照旧律惩处。第一回合的争论便以法理派的退让宣告结束。

《修正刑律草案》制定后不久，礼教派的另一重要代表劳乃宣又挑起了第二回合的论战。劳乃宣认为，《修正刑律草案》正文中有数条违背了宣扬“父子之伦、长幼之序、男女之别”的纲常名教，维护传统的《附则五条》居然不入正文，简直是本末倒置。于是他向宪政编查馆奏上《修正刑律草案说帖》，要求把旧律中有关伦常诸条逐一并入新刑律正文。沈家本随即写了《书劳提学新刑律说帖后》（因为劳乃宣曾担任江宁提学使，世称劳提学）予以反驳，劳乃宣又马上以《管见声明说帖》回敬。双方互相攻讦，围绕“干名犯义”（子

法者，天下之程式，万事之仪表。

——沈家本

孙控告祖父母、父母的行为)、“犯罪存留养亲”(罪犯在一定条件下可被允许留在家里侍养父母)、“亲属相奸”、“亲属相殴”、“子孙违犯教令”、“无夫奸”等问题展开了一场激烈的辩论。以劳乃宣为首的礼教派顽固地坚持中国的礼教风俗,认为中华法系注重纲常伦理的基本传统决不能加以丝毫更改;而沈家本等法理派人士则主张对传统法律要取其精华,弃其糟粕,并且要参酌西法加以与时俱进的改造。比如沈家本认为,“犯罪存留养亲”并非是古已有之的,也不是真正地实施仁恕,而是借以助长奸恶,应当予以废止。关于“犯奸”以及“子孙违犯教令”等,应当效仿西方的制度,不必规定在刑律当中,而应在教育上另谋他策。这一回合,法理派稍占上风,宪政编查馆主要采纳了沈家本等人的意见,但也作了一些调和,将《修正刑律草案》正式定名为《大清新刑律》,《附则五条》也改为《暂行章程》,上交资政院议决。

《大清新刑律》和《暂行章程》上交资政院后,宪政编查馆派杨度到资政院去说明新刑律的立法宗旨。杨度也是法理派,他批评了封建旧律的家族主义原则,说明了新刑律的国家主义立法思想。劳乃宣等礼教派当时也在场,杨度的讲话引起了他们的激烈反对,于是礼法之争的第三个回合开始了。杨度认为,新旧刑律在精神上有着根本区别,前者依据国家主义,后者则依据家族主义。他主张立法应以维护国家利益为出发点,换言之,也就是要以资产阶级的法制原则而不以封建的礼教伦理来指导立法。劳乃宣则大张挞伐,他认为法律生于政体,政体生于礼教,礼教生于风俗,而风俗、礼教、政体都是从家法中产生的,因此法律必须“从家法”。最后,《大清新刑律》虽然得以颁布,但礼法之争还在继续。礼教派因在朝廷中拥有较大的势力,不断对法理派提出弹劾,沈家本被迫于1910年辞去修律大臣一职。

延伸阅读

沈家本

沈家本(1840～1913年),浙江归安(今吴兴)人,曾担任修律大臣,是清末首屈一指的法学家,被当时法学界誉为“法学泰斗”、“媒介东西几大法系成为眷属的一个冰人”。他的法学思想的最突出之处在于主张“融合中西”、“参考古今,博辑中外”。他既反对保守短视,一概排斥西法;也反对数典忘祖,一味推崇西法,而是认为中西各有所长,应该各取其善者而为用,他的修律也正是以这种中西结合的思想为指导的。

资产阶级民主共和的一面光辉旗帜

——《中华民国临时约法》

▲1912年1月1日，中华民国南京临时政府成立，孙中山被推为临时大总统，定1912年为中华民国元年。

1912年1月，中华民国临时政府在南京成立，孙中山宣誓就任临时大总统。但是，北京的清朝政权仍然存在，于是就出现了南北对峙的局面。极富野心且精于权术的北洋军阀头子袁世凯充分利用这个时机，演出了“谈判诱和”与“武力逼宫”两出戏来攫取全国政权。临时政府中的某些革命党人对袁世凯反革命野心家的两面派手腕认识不清，幻想用不流血的议和方式达到取消帝制的目的。而孙中山迫于临时政府财力短缺，资产阶级革命派又没有组织起一支由自己掌握的真正的革命军队，无力与袁世凯抗衡，加之英国等帝国主义国家也大力支持袁世凯，向临时政府施加压力，在得到袁世凯拥护共和的承诺后，孙中山只好辞去临时大总统之职，让位于袁世凯。

孙中山在向参议院辞职时提出了旨在限制袁世凯的三项条件，其中第三点是“临时政府约法为参议院所制定，新总统必须遵守颁布的一切法制章程”。很明显，这是意欲用法的形式来保护辛亥革命的成果，防止袁世凯窃国擅权。《中华民国临时约法》就是在这样的形势下诞生的。

> 立国于大地，不可无法也。立国于20世纪文明竞进之秋，尤不可无法。所以障人权，亦所以遏邪僻，法治国之善者，可以绝寇贼，息诉争。
>
> ——孙中山

1912年2月7日，在孙中山的主持下，参议院召开了

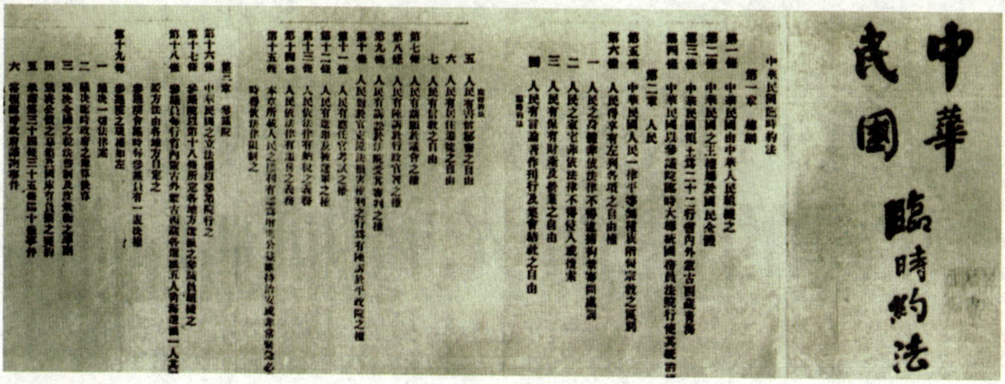

中華民國臨時約法

中華民國臨時約法

第一章 總綱

第一條 中華民國由中華人民組織之

第二條 中華民國之主權屬於國民全體

第三條 中華民國領土為二十二行省內外蒙古西藏青海

第四條 中華民國以參議院臨時大總統國務員法院行使其統治權

第二章 人民

第五條 中華民國人民一律平等無種族階級宗教之區別

第六條 人民得享有左列各項之自由權

一 人民之身體非依法律不得逮捕拘禁審問處罰

二 人民之家宅非依法律不得侵入或搜索

三 人民有保有財產及營業之自由

四 人民有言論著作刊行及集會結社之自由

▲1912年3月11日,《中华民国临时约法》正式公布。

《临时约法》的起草会议，确定由著名革命党人、法制局局长宋教仁主稿。后经过一个多月的制定和讨论，《临时约法》于3月8日在参议院通过，并由孙中山于3月11日，也就是袁世凯在北京就任临时大总统之后的第二天正式予以公布。

《中华民国临时约法》共7章56条。其主要内容可以分为四个部分：一、第一章“总纲”，规定了中华民国的主权归属、领土范围和行使统治权的国家机构，贯穿了“中华民国之主权，属于国民全体”这一基本原则。二、第二章“人民”，根据资产阶级民主自由原则,具体地规定了人民的各种权利和义务。三、第三章“参议院”、第四章“临时大总统副总统”、第五章“国务员”和第六章“法院”，根据资产阶级三权分立的原则，确立了资产阶级共和国的政治体制。《临时约法》把国家权力分为立法权、行政权和司法权三种,规定分别由三种不同的国家机关掌握和行使,以达到以权制权的目的，从而防止专制独裁并保障自由。四、第七章“附则”，规定了《临时约法》的效力以及严格的修改程序，以防袁世凯之流随意篡改《约法》。

《中华民国临时约法》是中国法制史上第一部资产阶级共和国性质的宪法文件。它以根本法的形式废除了在中国延续长达2000多年的封建君主专制制度，确立了资产阶级民主共和国的政治体制，并贯穿了近代宪法中的人民主权原则、基本人权原则、权力制约原则和法治原则，具有巨大的进步意义。《临时约法》反映了资产阶级以及广大人民的民主要求,鼓舞人们为维护自己的权利而斗争。同时，也为以后民主革命的进一步发展创造了有利的条件。

“刘巧儿”封捧婚姻上诉案

——“马青天”与马锡五审判方式

▲马锡五像

看过评剧《刘巧儿》的人们，一定会对里面那个平易近人、明察秋毫的马专员留下深刻印象。《刘巧儿》是取材于抗日战争时期陕甘宁边区的一个真实案例，剧中的马专员也确有其人，他就是抗日战争时期陕甘宁边区陇东专署专员马锡五。马锡五在兼任陕甘宁边区高等法院陇东分庭庭长时，经常携案卷下乡，深入群众之中调查研究，巡回审理办案，纠正了一审判决中的若干错案，及时审结了一些缠讼多年的疑难案件，受到了群众的热烈欢迎，被赞誉为“马青天”。他的审判方法为司法工作提供了良好的经验，被人们亲切地叫做“马锡五审判方式”，并在各根据地推广。

在“马青天”的断案故事中，最著名的要属刘巧儿的原型封捧的婚姻上诉案。封捧是陕甘宁边区陇东分区华池县居民封彦贵的女儿，在3岁时由封彦贵包办，与张金才的次子张柏订了“娃娃亲”。到了1942年，封捧长大成人，封彦贵为了多捞聘礼，一面以“婚姻自主”为借口，要求与张家解除婚约，一面却以法币2400元、硬币48元暗中把女儿许给南源张某为妻。张金才闻信后向县政府告发，县司法处撤销了后一婚约。

> **我们的司法工作还做得很不够，不敢说有什么大的成就，我自己更不是一个什么创造者。如果我们有一点小的成就，那应归功于人民的力量，应归功于我们党中央的领导。毛泽东同志常常号召我们要全心全意为人民服务，当人民的勤务员，就要虚心向群众学习，甘于当群众的小学生。**
>
> **——马锡五**

1943年2月，封捧在吃喜酒时经人介绍认识了张柏，两人彼此印象不错，封捧表示愿意与张柏结婚。不料其父却在同年3月，又以法币8000元、硬币20元、哔叽布4匹，把她许给庆阳财主朱寿昌为妻。封捧暗中将此情告知张家。张金才得知后，当即纠集其弟等20多人，携带棍棒，夜奔40余里，闯入封家将封捧抢回成亲。封彦贵立即控告到县司法处，裁判员未做仔细调查，即以抢亲罪判处张金才有期徒刑6个月，并宣布张柏与封捧的婚姻无效。宣判之后，原被告双方都表示不服，附近群众也很不满意，适逢马锡五到华池县巡视工作，封捧便向他口头上诉。

马锡五受理此案后，首先向附近干部和群众了解情况，又询问了封捧的真实想法，了解到她和张柏的婚姻完全是两人自愿的。案件事实基本掌握后，马锡五还对封彦贵和张金才进行了思想教育。他批评封彦贵把女儿当财物，教育他要为女儿的幸福着想，尊重女儿自己的意愿；他对张金才讲法理和人情，说明其抢亲行为动机虽好，但方法不当。马锡五和蔼可亲的态度和深入浅出的说理打动了两位老汉，两人连连点头，心悦诚服。马锡五随后进行了群众性的公开审判，除讯问各当事人外，还广泛地征询群众意见，并在此基础上当庭作出判决：

一、封捧与张柏双方都同意结婚，按照婚姻自愿原则，其婚姻有效。

二、张金才黑夜抢亲，妨碍了社会治安，因而判处有期徒刑，对其他附和者给予严厉批评。

▲1950年4月13日，中央人民政府委员会第七次会议通过了《中华人民共和国婚姻法》，废除了旧的婚姻制度。图为人民群众在收听宣传《婚姻法》的广播。

三、封彦贵以女儿为财物，多次高价出卖，违反婚姻法规，处以劳役，以示警戒。

宣判之后，不管是作为受罚者的封彦贵、张金才，还是其他群众都觉得合情合理，表示信服和拥护。当事人封捧和张柏的婚姻受到法律保障，更是欢喜。马锡五通过审理这个案子，保护了婚姻自由，惩罚了违法者，宣传了边区的婚姻法律，提高了民众的法律意识。这个案件在当时产生了很大的影响，《人民日报》上出现了很多文章对此进行宣传，如《一件抢婚案》等。文艺工作者也将此素材改编成评剧，搬上了全国的舞台。

延伸阅读

马锡五

马锡五(1899～1962年)，延安志丹县人。1930年参加革命，1935年加入中国共产党，曾任陕甘工农民主政府粮食部长、国民经济部长、主席。抗日战争时期历任陕甘宁边区庆环专区专员、陇东专区专员、边区高等法院陇东分庭庭长。他所创立的“马锡五审判方式”，受到群众拥护，并曾在各解放区推广。1946年任陕甘宁边区高等法院院长。中华人民共和国成立后，历任最高人民法院西北分院院长兼西北军政委员会政法委员会副主席、最高人民法院副院长。1962年逝世于北京。

从封捧婚姻上诉案中，我们可以总结出“马锡五审判方式”的特点。一是全面、深入、客观地进行调查研究，实事求是地了解案情。在审理封捧案中，马锡五注重调查研究，多方面了解情况，不主观臆断、偏听偏信，从而掌握了案件的真实情况，避免了一审中县司法处所犯的错误。二是贯彻群众路线，紧紧依靠群众，依法合理判决案件。马锡五把党的群众路线方针贯彻到自己的工作中，在调查时善于依靠群众，与群众打成一片，从而得以最大限度地了解案件的来龙去脉。在切实了解案情本身情况的同时，还广泛听取广大群众对案件的看法和处理意见，供审判时加以斟酌，既保证了案件审理的正确性，又取得了良好的社会效果。三是摒弃坐堂问案的审判作风，诉讼手续简便易行，不拘形式，方便群众诉讼，充分体现“人民公仆”的特色。马锡五定期巡视所属各县，他为人随和，没有架子，不管早晨晚上、地头河边，随时随地同群众谈话，了解案情，受理案件。封捧一案，他就是在一棵大树下受理上诉的。

◀在《刘巧儿》一剧中饰演刘巧儿的评剧演员新凤霞(左一)。

历史形成的“近代宪法之母”

——英国宪法的缓缓出世

1215年的《自由大宪章》，是英国历史上第一个具有宪法意义的文件。自威廉建立诺曼王朝以来，英国的中央集权逐步加强，王权日益巩固。13世纪初，国王约翰独断专行，肆意践踏封建法制，贵族们领导了一场反抗他的武装斗争并取得了胜利。走投无路的约翰于1215年6月15日被迫在贵族们早已拟好的《自由大宪章》上签字。《大宪章》的主要内容是贵族和教会的权力不受国王的侵犯，国王在征税时必须召开由贵族参加的“大会议”，征得贵族的同意并听取民众的意见。另外，它还规定全体自由民都享有自由权，任何自由民非经合法程序不受拘捕、监禁、放逐、没收财产和剥夺公权等。这是人们试图用法律形式限制王权、保障自己的自由权利的第一次尝试，后来成为英国资产阶级对抗专制、反对封建的一个重要法律依据，因此被视为英国宪法起源的标志。

英国的宪法是历史地发展起来的。

——恩格斯

▼英国的下议院
在英国的资产阶级革命中，议会发挥了重要的作用。它是资产阶级与国王抗争、赢得自身权益的代言机构。

几个世纪后，英国进入了斯图亚特王朝统治时期。国王查理一世反动专横的统治，引起了人民的激烈反抗。1628年，查理一世为解决财政问题召开议会。在会议上，他为了获取35万英镑款项的批准，接受了议员们提出的《权利请愿书》。《权利请愿书》先是列举了国王种种滥用权力的行为，然后重申了《大宪章》中对王

◀查理一世无视资产阶级的权利和要求，独断专行，最终招致人民的反抗，自己也成了刀下之鬼。图画描绘了查理一世被处死后，当刽子手拿着国王的头颅示众时，一位妇女当场昏厥的情景。

权的限制以及国王对臣民的承诺，宣布：非经议会同意，国王不得强行征税；非经合法判决，任何人不得被逮捕、监禁、流放和剥夺财产及受到其他损害。但查理一世接受《权利请愿书》只是为了欺骗议会，并无意真正执行。后来议会反对他征收吨税和磅税，查理一世恼羞成怒，遂下令解散议会，《权利请愿书》也被废弃。

在解散议会后，查理一世开始了无议会的专制统治。1638年，苏格兰人民揭竿而起，展开了反对查理一世的武装起义。为了筹措军费，查理一世被迫于1640年重新召开议会。议会以此为筹码和查理一世进行了针锋相对的斗争，这成为英国资产阶级革命正式开始的标志。但查理一世哪儿会甘心受议会的制约，他和议会的矛盾越来越尖锐，最终于1642年决裂，查理一世挑起了内战。内战以资产阶级的胜利而告终。1649年，曾经不可一世的查理一世被推上断头台，议会军的首领克伦威尔掌握了大权，就任“护国主”，开始了军事独裁统治。克伦威尔死后，政局一度混乱，复辟势力乘机反攻。资产阶级为了维护和巩固统治秩序，采取了妥协的态度。于是1660年，查理一世的儿子查理二世从海外返回伦敦，登上王位，斯图亚特王朝复辟了。查理二世即位后，又开始实施残暴的专制统治。1679年，议会针对查理二世的专横暴虐，起草了《人身保护法》，经过激烈的斗争，迫使查理二世批准了该法案。其主要内容是：被逮捕的臣民及其亲友有权请求法院发给人身保护令，要求拘禁机关限期将被捕者移交给法院；法院应尽快审核逮捕的理由，如果理由不成立，则立即放人，理由成立则应当决定保释或继续羁押，以待审判；对被释放者不能再以同样的罪行加以监禁；英国臣民不得被送往海外领地拘禁等。虽然这一法案只规定了程序上的权利，但是它对限制非法逮捕和拘禁、保障臣民的人身自由和权利免受非法迫害起了重要作用，被英国人视为人权保障和宪法的基石。

查理二世之后，1685年詹姆斯二世即位，其倒行逆施比起查理二世有过之而无不及。资产阶级于1688年秘密策划宫廷政变，邀请詹姆斯二世的女儿玛丽和女婿——荷兰执政威廉赴英执政。众叛亲离的詹姆斯二世仓皇逃往法国。这就是英国历史上著名的“光荣革命”。1689年，议会通过了《权利法案》，主要内容是：未经议会同意，国王不得颁布法律或终止法律的实施，不得征收和支配赋税，在和平时期不得招募和维持常备军；臣民有向国王请愿的权利；应定期召开议会，议员选举自由，国王不得干涉，议员有在议会期间自由发言的权利；不得另设宗教法院或特别法院，不得滥施残酷的刑罚，不得在判决前没收特定人的财产等。这就建立起了君主立宪制的政体，确立了宪法的基本原则——议会至上原则、法院独立原则、资产阶级的权利和自由不得侵犯原则。因此，《权利法案》的制定，标志着英国宪法的最终形成。

《权利法案》颁布以后，英国继续进行宪法性文件的立法，不断为宪法部门补充新的内容。比较著名的有1701年的《王位继承法》、1911年和1949年的《议会法》等，它们构成了英国宪法的主体部分。此外，英国宪法还包括一系列宪法惯例和宪法判例。关于英国宪法的形成过程，英国著名宪法学家布莱斯已经作出了精辟的概括：“英国宪法是任何作者也作不出透彻说明的一组智慧产物，它所具备的性质是它在几个世纪中逐渐浸染而成的。”

▶1688年，英国资产阶级秘密策划宫廷政变，邀请詹姆斯二世的女儿玛丽和女婿——荷兰执政威廉赴英执政。威廉在英国西海岸登陆，受到资产阶级和新贵族的欢迎。

为荷兰东印度公司的辩护

——国际法学的奠基人格劳秀斯

▲格劳秀斯像

17世纪初，荷兰的航海事业迅速发展，新兴的贸易公司纷纷将目光投向东方。为了打破西班牙、葡萄牙对东印度（即东南亚）地区贸易的垄断，1604年，荷兰东印度公司的希姆斯柯克将军在马六甲海峡地区捕获了葡萄牙的一艘货船，将船连同船上货物当做捕获品拍卖，并把拍卖的款项分给了公司的股东。一些基督教徒认为这样做不仅违背了基督教的非战原则，而且缺乏法律根据。公司当局便要该公司的律师格劳秀斯（1583～1645年）为之辩护。为了完成任务，格劳秀斯查阅和研究了以往法律和法学著作中的有关规定和论述。他注意到，在古代，海洋被视为“大家共有之物”，与空气一样不能被任何个人或国家所占有，《查士丁尼法典》中也提到了海洋是人类共有的自然权利这一原则。他据此作出了强有力的辩护：根据自然的安排，海洋是人类共有之物，应该保持原先的自然状态，不能由任何人私有；通向东印度的海道和在这一海道中航行的权利并不是葡萄牙的私产，葡萄牙占领马六甲海峡，垄断海上贸易，以武力袭击荷兰船只的行为是非法的；因此荷兰为维护自己的利益而捕捉、没收葡萄牙船只是完全正当的。

通过这一事件，格劳秀斯无意中敲开了一门新的学科——国际法学的大门。1604年到1605年，他联系上述事件写了《捕获法》一书。1609年，他将该书的一章以《论海洋自由》为题出版，提出了影响至今的海洋自由

自然法是真正理性的命令，是一切行为善恶的标准。

——格劳秀斯

原则，其内容包括航行自由、捕鱼自由、贸易自由、无害通过权等。1618年，格劳秀斯因卷入政治和宗教冲突而被判处终身监禁，和他的妻子玛丽亚一起入狱同住；同年，欧洲爆发了一场大规模的封建混战，历时30年之久，史称三十年战争。1621年的某一天，玛丽亚抓住一个机会，把格劳秀斯藏在书橱里，瞒过狱吏，抬出了监狱，使他得以逃往法国。在流亡期间，他写下了《战争与和平法》，这是第一部将国际法作为一门独立学科予以系统完整论述的辉煌巨著。

在《战争与和平法》中，格劳秀斯说明了国际法的概念和意义。他认为，制定法分为国内法和国际法两种，国内法是一国内部的法律，国际法则是国家之间的法律。国际法是“各国所普遍接受用以保持人类社会者”，也就是说，国际法是各国相互之间订立的、被公认为具有约束力的规范，其目的是为了保障整个人类社会的安全。人们之所以需要它，是因为和个人之间一样，国家之间也不可避免地要发生各种关系，产生各种矛盾，所有这些关系都只能由法律来调整，这样才能维持正常的国际秩序。国际法和国内法相比较，其显著特点就是，它不是为某一国家而是为所有国家的利益而制定，它不是仅仅对一国有效而是对所有国家都具有普遍效力。

格劳秀斯接着论述了自己的自然法思想，他认为：“自然法是真正理性的命令，是一切行为善恶的标准”，自然法是永恒的、绝对的、根本性的，即使上帝也要受其支配，因为“上帝不能使二加二不等于四，也不能把理性上认为恶的变成善的”。所以，自然法高于制定法，是制定法得以形成的依据。那么，作为制定法的一种，国

延伸阅读

三十年战争和《威斯特伐利亚和约》

三十年战争最初是由德意志帝国内部新旧教派之间的内战开始的，后来丹麦、法国、瑞典、荷兰、俄国、西班牙等国和罗马教廷也乘机卷入，谋取利益，使战争很快演变成为全欧洲的国际战争。这场旷日持久的战争一直持续了30年。1643年，交战双方在威斯特伐利亚开始谈判议和，次年签订了《威斯特伐利亚和约》。和约规定了欧洲各国的边界，确立了国家主权原则，承认所有参加国家都有“领有权和统治权”，原德意志帝国统治下的约300个诸侯国成为了独立主权国家和平等的国际法主体。和约的签订，还开创了以国际会议方式解决国际争端的先例。《威斯特伐利亚和约》标志着近代国际法的产生，根据它所建立起来的威斯特伐利亚体系也是第一个近代意义上的国际关系体系。

▲荷兰东印度公司在孟加拉的胡弗里河上的贸易站。作为该公司的律师，格劳秀斯在一次为公司的辩护中敲开了国际法学的大门。

际法也是来源于自然法的，必须要根据自然法原则来确定国际法的规则和制度。

格劳秀斯进而运用自然法理论具体阐述了战争与和平等问题，提出了许多合乎自然法的人道主义的主张。他认为国家之间的争端可以通过谈判、仲裁，甚至抽签方式解决，不一定都要诉诸武力，总的原则应该是倡导和平、反对战争的。如果非得用战争手段，也必须要符合正义的要求。在他眼中，如果是为了保卫人身和财产而战，则是符合自然法要求的，属于正义的战争。他还指出，除了人身和财产被侵害外，再没有别的可以进行战争的正当理由了。如果是为了满足私心和贪欲而发动战争，则是粗暴践踏自然法的非正义行为，会遭到全世界人民的共同反对。

格劳秀斯着重批驳了当时所谓的战时无法律的观点。他认为，战争时期只有民法、刑法和其他和平时期适用的法律才失去效力，任何时间都存在的、永恒的自然法仍是有效的，各国即使在战时也必须要坚持正义，维护公理。他提出了一系列战时应遵守的基本规则：1.要坚持宣战的原则，反对不宣而战的狡猾行为。2.要坚持人道主义原则，对非参战人员，尤其是老人、妇女、儿童等应采取保护措施；对放下武器的战俘，应当尊重其人格尊严，并要保护他们的个人财产；对战争中的伤病员，无论是敌方或我方，都应无区别地给予人道的待遇和照顾。3.战时要注意保护交战国双方外交代表的人身和财产安全。4.战争中也要讲究诚信，不能用背信弃义的方式欺骗和伤害敌人等。

此外，格劳秀斯还对国家主权、海洋自由、中立、使节、避难等国际法领域的重大问题作了精辟的论述。他以自然法为指导的国际法理论对国际法学的建立起到了奠基作用，因而他获得了“国际法之父”的美誉。

特许权的转变

——现代专利法的产生

专利法是以中世纪的特许制度为源头的，专利权是特许权转变的结果。特许权的表现形式是特许状，即由国王亲自签署的带有御玺印鉴的独占权利证书。最初国王只是将特许状颁发给城市以确定其自治地位，后来，王室开支的日益增加和庞大的战争经费使常规税收远远无法满足国王的需要，王室财政日益紧张。为了摆脱这一窘境，英国国王便将特许状的授予对象由城市转移到商业集团上，给予商人或贸易公司一定的贸易垄断权，作为条件，他们必须将一部分利润上交王室，从而增加王室收入。女王伊丽莎白一世统治期间，此种特许制度得到了空前的发展，女王颁布了大量类似的特许状，其中最著名的就是在1600年授予东印度公司的垄断好望角以东到麦哲伦海峡广大地区的贸易特权。得到了特许权的商人能够谋取到丰厚的经济利益，女王的大臣和王公贵族们对此格外眼红，也向女王要求特许权。于是，从伊丽莎白一世统治后期起，英王将许多特许权，甚至包括盐、油、醋、淀粉等生活必需品的专有生产和经销权都授予了王公大臣们。

专利制度是为天才之火添加利益之油。

——林肯

▼女王伊丽莎白一世威严地坐在撑着华盖的轿椅上，穿过伦敦街道。击败了西班牙“无敌舰队”后，伊丽莎白女王一世成为人们心中的英雄。

特许制度使少数得到了这种专有权利的商人、贸易公司、大臣和贵族的腰包迅速鼓了起来，但却严重损害了一般商人和广大人民的利益。因为特许权商人一旦拥有某一商品的垄断经营权，就独占了市场，排斥了其他商人的介入，并且可以随意定价，使人们不得不花很高的价钱去购买这些商品。而由于缺乏竞争，商品的质量却大都不如从前。因此，特许权的滥用成为了众矢之的。早在1579年，议会的下议院议员们就愤怒地斥责特许权商人是国家的吸血鬼，认为在女王实行的所有措施中，没有比特许权的授予更有损于她的个人威望、更有害于国家和更为人民所憎恶的了。1602年，普通法院法官布拉德在纸牌垄断案件判决中明确声称：国王特许公民私人在本国国土上输入、制造和出卖纸牌的独占权利无效，因为它违反了习惯法及议会所维护的自由。这成为英国人民反对国王特许权的标志性事件。

知识点击

专利权的期限性

为了社会利益的需要，法律对专利权规定了一定的时间限制，专利权人并不能永久享有此项权利。在我国，专利权的客体有三种：发明、实用新型和外观设计，发明可以包括产品发明、方法发明和改进发明，实用新型和外观设计都只能针对产品。根据我国专利法的规定，发明专利权的期限为20年，实用新型和外观设计专利权的期限为10年，均自申请日起计算。期满以后，专利权消灭，人们可以自由使用原专利技术或产品。

专利法就是在对原有特许制度的普遍反对声中产生的。1624年，英国通过了《垄断法规》，规定国王特许在本国经营任何物品的买卖、制造或使用的独占权均属无效，只有新发明、印刷及某些军用品的制造不在此限，这就剥夺了君主随意授予特许权的权力。在破除旧的垄断的同时，《垄断法规》还确认了新的、合法的垄断，规定“当任何人利用他自己的费用和企业，或通过他自己的智慧和发明，确实把任何新技术引进王国或把任何过去从未应用的发明引入，促进了贸易，有利于王国时，可以授予他在合理的时期内以专利权，直到国民们学会这件事为止”。这是历史上第一次以法律的形式给予发明专利以肯定，为保护发明者对其发明的独占实施、许可使用以及转让权奠定了基础。《垄断法规》的出台，标志着专利权的主体由原来的贸易公司、贵族、大臣转向了个体的发明人，专利权的客体由垄断市场的经营产品转向了提高生产力的发明创造。

▲ 英国议会于1624年通过了《垄断法规》，体现了资产阶级和人民的要求。图为英女王召开议会的情景，坐在前排的是上议院议员，下议院议员们则站在栅栏后面。

这就意味着，谁掌握了一项还未被人发现或利用的新技术，谁就可以在一定时期内禁止他人使用，由自己享有专有权从而获得巨大的物质利益。因此，《垄断法规》在英国实施以后，英国进入了发明创造的高峰期，新的技术发明不断涌现，从而引发了工业革命，极大地促进了生产的发展，推动了社会的全面进步。更重要的是，专利权的确立，带来了人们思想观念的变迁，人们开始珍视智力成果的价值并树立起用法律手段对之加以保护的意识。所以，《垄断法规》的颁布，具有极为重大的意义，有的史学家甚至把《垄断法规》面世的1624年称为“近代最重要的一年”。

《垄断法规》是第一个具有现代意义的专利法。在此之后，其他国家纷纷效仿英国，制定了专利方面的有关法规。美、法、德、日等国家为了提高本国的技术水平，促进经济发展，都高度重视专利法。美国1787年宪法即规定国会为了促进科学和技术进步，有权使发明者在一定期限内就其发明享有垄断权。1790年美国颁布专利法，而民商法、刑法却在此之后很长时间才颁布。法国在1789年大革命时颁布的《人权宣言》中将发明权作为天赋人权的重要部分，1791年法国专利法诞生，比它的第一部宪法还早半年。统一后的德国为防止国内优秀的科技人才外流并吸引外国科技人才，实现民族振兴，于颁布宪法的第二年就颁布了德国专利法。日本在明治维新后的大规模法制重建中也颁布了日本专利法，使国力迅速增强。专利制度逐渐成为一种世界性的通用制度。而且，随着科技的发展和社会的进步，专利权的内涵也在不断丰富，现代专利权的客体已不仅仅限于发明创造，还包括实用新型、外观设计等。

李尔本受鞭笞案

——沉默权的由来

在观看美国警匪片时，我们常常会看到这样的场景：美国警察一脸严肃地对犯罪嫌疑人说：“你有权保持沉默，你所说的一切都将作为对你不利的证据送上法庭。”这是在明确地告知犯罪嫌疑人他享有沉默权，即对司法人员的讯问可以不予回答，而不会被迫证实自己犯了罪以及被迫说明罪行的轻重，所以沉默权又被称为“反对自证其罪的权利”。这一制度早在17世纪的英国就有了，发生在英国伦敦塔下的李尔本受鞭笞案，对沉默权的确立具有里程碑的意义。

无论何人……不得在任何刑事案件中被迫自证其罪。

——《美国宪法》第五修正案

1639年的一天，英国官方查获了一个名叫约翰·李尔本的书商，认为他贩运的几本书里有“煽动性的文字”，于是便以“贩运禁书”及“煽动反政府邪说”的罪名逮捕了李尔本，押往伦敦进行审判。法

◀英国17世纪的法庭审判场景。

庭强迫李尔本宣誓作证，被李尔本拒绝。李尔本义正词严地说：“任何人都不得发誓折磨自己的良心，来回答那些将自己陷入刑事追诉的提问，哪怕是装模作样也不行。”最后，法官恼羞成怒，以“藐视法庭”为由，决定对他施以鞭刑，李尔本便被拖到伦敦塔下的广场上。在行刑过程中，李尔本大声痛斥审讯的不公。围观的民众也纷纷对李尔本表示同情，对法庭的野蛮感到愤怒。因为大家都知道，当时的英国法里并没有关于什么是“禁书”的解释，所以李尔本的行为根本不构成犯罪。既然没有罪，当然就不必认罪，面对法官的审问，当然也就可以保持沉默。而且，英国习惯法里有句古老的格言：“人无义务控告自己。”在人们的观念中，除了对上帝的自愿忏悔之外，任何人都不必向其他人低头认罪。看到李尔本受鞭打的惨状，民众们群情激奋，高呼：“权利！权利！沉默！沉默！”呼声响入云霄。

受鞭笞后，李尔本没有沉默，1640年，他呼吁议会通过法律确立反对强迫自证其罪的规则。1641年，议会掌权，宣布李尔本一案判决不合法，同时宣布禁止在审讯中使用宣誓制度，沉默权开始萌芽。但沉默权在英国法上的最终确立是通过英国普通法院审理的一起著名案例——詹姆斯二世诉七主教案来实现的。1688年，国王詹姆斯二世因为七个主教违抗他关于执行极端主义的法律和命令而对他们提出起诉，在审判中，七个主教声称他们有保持沉默的权利。主教圣克罗夫特说：“我有权合法地拒绝发表任何可能使我自证

延伸阅读

米兰达案件和米兰达规则

1963年，在美国亚利桑那州发生了一起强奸案，根据被害人的描述和辨认，警方逮捕了米兰达。在经过警方的轮番盘问后，米兰达供认了自己的犯罪行为，并在供认书上签字，这份供认书在审判中被用作证据，米兰达被判犯有抢劫罪和强奸罪。后米兰达以警察的讯问违反了宪法修正案第5条关于不得被迫自证其罪的规定为由向美国联邦最高法院提出上诉。联邦最高法院支持了他的上诉，认为虽然米兰达没有受到身体上的强迫，但“警察局的关押环境和复杂的讯问手段就构成了警察迫使许多嫌疑人讲话的不可否认的力量”，这种场合下所作的供述不足为证，因而推翻原审，宣布进行重新审理。以此案为契机，美国确立了米兰达规则，它要求警察在讯问之前，必须告知犯罪嫌疑人、被告人他们所享有的权利，包括：1.他有权保持沉默；2.他所说的一切都有可能作为对他不利的证据；3.他有权获得律师帮助；4.如果他无力聘请律师，政府将为他无偿提供。

▲在公共场合执行刑罚时，如果受刑人是做了大快人心而让政府恨之入骨的事，就会得到民众的同情和爱戴。李尔本就是如此，他的申诉得到了在场民众的支持。

其罪的言论。”陪审团裁决七主教无罪，这就以判例法的形式在西方国家中最早确立了沉默权制度。1912年，英国又通过《裁判规则》等法律对沉默权的内容作了明文规定。

英国人到达北美大陆后，沉默权制度也开始在北美殖民地落地生根。由于美国没有封建传统，对个人权利和自由的价值更为珍视。独立后的美国把沉默权明明白白地写入了宪法修正案中，为其提供了具有最高效力的保障。1966年的米兰达案件又确立了著名的“米兰达规则”，其中最重要的一项就是关于要告知嫌疑人沉默权的规定。

凭借英国法与美国法在世界上的影响力，沉默权制度也逐步为其他诸多西方国家所接受，德国、法国、日本等许多国家的《刑事诉讼法》中都有关于沉默权的明文规定。而且，在联合国确立和推行刑事司法国际标准的进程中，沉默权作为一项独立的诉讼权利，也得到了联合国多种文件的确认。其中影响最大的是1966年第21届联合国大会通过的《公民权利和政治权利国际公约》，它在第14条第3项规定刑事被告人有“不被强迫作不利于他自己的证言或强迫承认犯罪”的权利。

国家为保护人民的权利而存在

——分权学说的首创者洛克

▲洛克像

人类总是对自己的过去充满了好奇，他们不仅乐此不疲地探寻自己究竟是从哪里来的，而且还非常想弄明白自己的祖先是怎样生活的，国家又是怎样形成的。针对这个问题，西方的哲人们给出了不同的回答。

英国学者霍布斯在我们面前展现了一幅血腥的画面。他认为人生来本性就是恶的，有着对权力无止境的追求。竞争、猜忌和虚荣心引发了人们之间的纷争，所以人类的自然状态是一种旦夕不保的战争状态，直到出现了法律和国家，这种状况才得以改变。与之相反，思想家洛克则展示给我们一幅美好和谐的田园图景。他认为国家出现以前，生活在自然状态中的人们是自由、平等的，他们根据自然法享有人身自由和财产的自然权利，同时自然法也教导他们不应侵犯其他人的这些权利。例如：A喜欢打猎，B喜欢捕鱼，那么，A就去打猎，B无须干预，这完全是个人的自由。B呢？他就去捕鱼吧。A如果不想打猎而要去捕鱼，也无须征得B的同意，这同样也是个人的自由。但是，如果A掠夺了B所捕捞的鱼，那么B必须有权利对A进行制裁。这种自然法有利于维持和平与安定，但这种自然状态也有缺陷，即每个人的权利经常会受到他人侵犯。虽然B拥有惩罚A的权利，但B充当自己案件的裁判者无疑是不

法律一停止，暴政就开始了。

——洛克

合理的。于是，人们相互之间订立契约，同意出让自己的一部分权利而建立起政治社会，即国家，希望依靠国家来协调、解决他们之间的纷争并保障自己的权利。所以，洛克认为，国家的出现是基于人民为了保护自己的权利不受侵害的需要，这也是国家存在的唯一理由。他同时又提出，国家形成以后就掌握着强大的权力，有着滥用权力的天然倾向，因此，为了保障人民的权利，使国家的目的得以实现，必须实行分权，将国家权力进行分割。

洛克（1632～1704年）是英国的唯物主义哲学家、政治思想家和法学家。他曾因政见不同而逃亡荷兰，1688年“光荣革命”后返回英国。洛克最著名的作品是上下两卷的《政府论》，该书系统地阐述了他的政治、法律学说，驳斥了君权神授论，为英国1688年“光荣革命”所建立的君主立宪制提供了理论根据。更重要的是，洛克在书中论述了一系列关于保护人民权利的思想，首次提出了国家分权的主张，这一思想影响深远，对以后的思想家启发很大。

如前所述，洛克的分权构想主要是基于他对自然状态的认识而提出的。在洛克看来，由于人们出让给国家的权利是有限的，所以国家只是一个仲裁机构。虽然国家是为了保护个人权利而产生的，但是如果不对国家的政治权力进行制约，那么这种权力将会无限制地膨胀，最后成长为霍布斯笔下的“利维坦”——一个力大无比的巨兽。到那时候，国家不仅不是保护个人自由的工具，反倒会成为压抑和侵犯个人自由的工具。一旦这一工具完全操纵在某一种权力之手，人民的自由和权利就面临着威胁。因此，为了防止权力过于集中而产生腐败，保障人民的权利，洛克设计了一套权力分配和制约方案，这就是三权分立的最早版本。

在这个方案中，国家权力由三个部分组成：立法权、执行权和对外权，各种

延伸阅读

霍布斯和《利维坦》

霍布斯（1588～1679年）是17世纪英国的唯物主义哲学家、政治思想家，《利维坦》是他的一部重要的政治学著作，主要阐述了他的国家学说。“利维坦”，是《圣经》中提到的一种力大无比的巨兽名称的音译。霍布斯借用这个名称命名此书，旨在比喻一个强大的国家。霍布斯认为，在国家产生之前，人们生活在相互残杀、相互争夺的自然状态中，为了摆脱战争、寻求和平，人们便相互订立契约，自愿放弃每个人的自然权利，而把它交给联合在一个人格中的人群——国家。国家是掌握所有权力和力量的公共权力，国家统治者拥有至高无上的、无所不包的绝对权力。他还把国家政体分为君主政体、民主政体、贵族政体，认为君主政体最优越。

权力既有分割又相互制约。在三权中，以立法权与执行权为重。洛克认为立法权是一个国家中最高的、神圣的、不可变动的权力，如果没有立法机关的批准，任何人的任何命令，无论采取什么形式或以什么权力做后盾，都不能具有法律效力和强制性。执行权只是负责执行有效的法律的权力，是隶属于立法权的。根据当时英国的情况，洛克所讲的立法权和执行权的所有者，分别是议会和英王。他主张两权分立，立法权高于执行权，就是议会权力高于国王，人民的权利从而在此得以体现，虽然他所指的人民实际只指当时的资产阶级。他进而指出，立法机关尽管握有国家的最高权力，但它不能侵犯老百姓的生命和财产，它的权力不能超过人们自愿放弃而让与国家的权利的限度。同时，立法权也要受到执行权的牵制，因为召集和解散立法机关的权力属于执行机关。凡此种种，都是为了防止不受任何约束的绝对权力的出现，有效地保护公民的个人权利和自由。

洛克还特别强调法律对保障人民权利的作用，他有一句名言："法律一停止，暴政就开始了。"他认为，既然国家存在的理由是保护人民的权利，那么，国家的法律必须体现这一精神。换言之，人民的权利，而非统治者的权力，是国家的最高法律。统治者不能凌驾于法律之上，应同样受制于法律的约束。只有这样，法律才能真正保障人们的利益。他指出，政府必须以既定的、广为公布的、经常有效的法律来进行统治，这样才能使人民知道自己的责任并在法律范围内得到安全和保障，同时把统治者的权力限制在适当的范围之内。一旦统治者自己违反了法律规定，侵犯了人民的权利，人们就有理由起来推翻暴政。

▼霍布斯的《利维坦》为政治哲学家们提出了难题。他的著作也对洛克起到了影响作用。

洛克的一套关于保护人民权利的学说，在人类的政治法律思想史上，犹如一座光辉的里程碑。他首开分权学说的先河，虽然他的论述没有后来的孟德斯鸠那样系统和完整，然而作为一种伟大思想的开端，意义却是非同凡响的。

倡导三权分立，寻求法的精神

——孟德斯鸠与《论法的精神》

你也许觉得绝对权力是一件很美妙的事，不错，享有绝对权力的确能保证个人的绝对自由，但同时，却也为其他没有权力的人带来了桎梏。众所周知，在君主专制时代，君王掌臣民生杀予夺之大权，可以任凭自己的意愿行事，而做臣子的则是“君要臣死，臣不得不死”。绝对权力，正是由于它的至高无上，所以为某些人所沉迷；而也正是由于它的肆无忌惮，所以为人们所畏惧甚至强烈地反对。法国“太阳王” 路易十四的统治就是这样一个典型的例子。路易十四从1643年即位开始，一直执政至1715年，在位长达半个多世纪之久。他统治下的法国处在封建王朝的全盛时期，但也是法国近代历史上最黑暗的时期。路易十四就是一个绝对权力的痴迷者，他奉行“朕即国家”的原则，实行高度集权的君主专制。他在生活上极尽享乐之能事，挥霍无度，骄奢淫逸；在统治上极尽骄横之能事，横征暴敛，穷兵黩武。这种不受限制的绝对权力遭到了当时法国社会的一些有识之士的指责和反对，启蒙运动先锋孟德斯鸠就是其中之一。

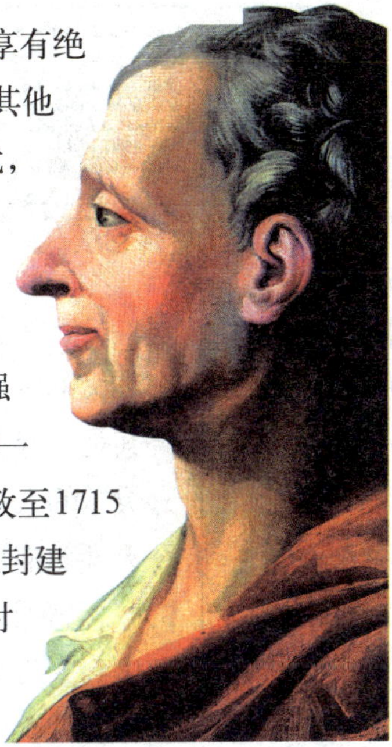
▲孟德斯鸠像

孟德斯鸠（1689～1755年）是18世纪法国著名的资产阶级启蒙思想家和法学家。他从小家境富裕，受过良好的教育。27岁那年，孟德斯鸠继承了伯父“孟德斯鸠男爵”的称号，并继任了伯父的波尔多高等法院院长一职。少年得志的孟德斯鸠虽然对社会的疾苦并没有多少亲身体会，但是由于生逢路易十

从事物的性质来说，要防止滥用权力，就必须以权力约束权力。

——孟德斯鸠

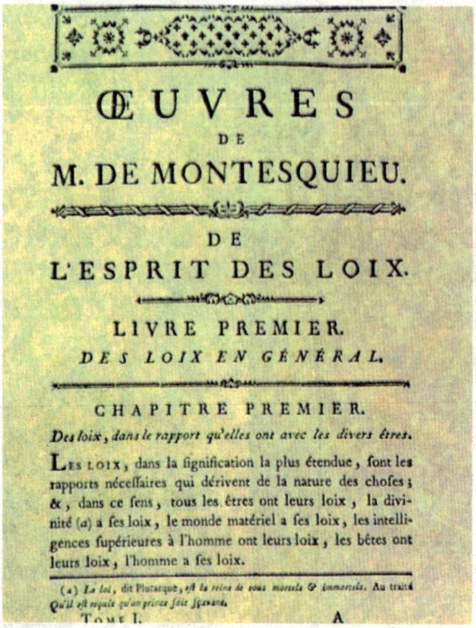

ŒUVRES
DE
M. DE MONTESQUIEU.

DE
L'ESPRIT DES LOIX.

LIVRE PREMIER.
DES LOIX EN GÉNÉRAL.

CHAPITRE PREMIER.
Des loix, dans le rapport qu'elles ont avec les divers êtres.

LES LOIX, dans la ſignification la plus étendue, ſont les rapports néceſſaires qui dérivent de la nature des choſes; &, dans ce ſens, tous les êtres ont leurs loix, la divinité (a) a ſes loix, le monde matériel a ſes loix, les intelligences ſupérieures à l'homme ont leurs loix, les bêtes ont leurs loix, l'homme a ſes loix.

(a) *La loi*, dit Plutarque, *eſt la reine de tous mortels & immortels*. Au traité *Qu'il eſt requis qu'un prince ſoit ſçavant.*

TOME I. A

▲《论法的精神》(1748年)，它代表了孟德斯鸠政治法律理论的最高成就。

四时代，所以对君主专制的危害深有认识。他对路易十四的暴政进行了深入的思考，认为专制统治只能将国家引向深渊。因而他提出了实行法治的口号，并认为只有实现国家权力的分权和制衡，法国才有出路。虽然同时期也有其他几人明确提出分权制衡，但孟德斯鸠的声音最为响亮，他迅速成为一颗启蒙时期的“启明星”。他的这些思想体现在他的《波斯人信札》、《罗马盛衰原因论》、《论法的精神》等著作之中。其中以《论法的精神》最为著名，它代表了孟德斯鸠政治法律理论的最高成就。《论法的精神》的内容主要有：

一、关于法的定义。孟德斯鸠在《论法的精神》里给法下了一个广义的定义。他认为，存在于世间的一切事物，甚至包括无法知晓其是否存在的上帝在内，都有着自己的法。那么，自称为“万物之灵”的人类也当然有自己的法。可见他所称的“法”，并非我们今天耳熟能详的民法、刑法之类的法，而是一种抽象的、高度概括的概念。他认为法不是偶然的、随心所欲的，而是有其存在的必然。具体到人类社会来说，法是人与人之间社会交往的必然产物，是调节各种社会关系不可缺少的工具。

二、关于法的精神。孟德斯鸠把法律与国家的自然状态、人民的生活方式、风俗习惯、国家政体等的关系以及法律与法律之间的关系的综合称为“法的精神”。他对“法的精神”进行了详细的论述，其中以对法律和地理环境之间关系的阐述最有特色。他认为气候条件对法律有着重要的影响。炎热地带的人们大多懒惰、胆怯，因此，适合实行暴君制，故法律功能以镇压为主；寒冷地带的人们多有充沛的活力，有着坚强、勇敢的美德，因此，适合实行民主共和制，法律以维护自由为主。这倒不是说，印度人天生就应该被暴君统治，而冰岛人天生就注定是享有自由的。孟德斯鸠只是强调统治者应该制定出符合各国国情和人民特质的法律，他的这种思考方式带有某些唯物主义因素，对后人产生了很大的启迪作用。

三、关于三权分立和分权制衡。这是《论法的精神》一书思想最精华的部分。从路易十四的专制统治中受到的启发，加之洛克思想的影响，使孟德斯鸠认识到，掌握权力的人都容易滥用权力，人们常谓英雄难过美人关，事实上英雄也难过权力关，因此权力切忌垄断。而要防止绝对权力的产生，只能采取以毒攻毒的方法，以权力来约束权力——实行分权，具体到一个国家就是立法、行政和司法三权分立，且互相牵制。“三权分立”理论甚为著名，以至于后人大多认为分权制衡最好就叫做“孟氏定理”。孟德斯鸠分权思想的内容包括：(1) 国家权力应该分为立法权、行政权和司法权三部分，同时这三部分相互牵制，相互制衡。(2) 任何国家只有实行分权和制衡才能保障公民的自由。(3) 政治自由的前提是法治，三权分立是同国家健全的法制紧密联系的。孟德斯鸠的三权分立思想影响了许多国家的政治体制，美国就是实践这种思想的典型代表。在美国，国会拥有立法权，总统掌握着行政大权，联邦最高法院则拥有司法权。国会有权立法，但其立法需要总统的批准，如果总统反对，法案便不能通过，这是行政制衡。另一方面，最高法院也可以审查国会制定的法律是否符合宪法。如果不符合，那么此项法律也归于无效，这是法律制衡。另外，总统和最高法院法官若有违法行为，也会受到国会的弹劾。通过这种分权制衡的体制，保障了民主自由原则的贯彻。

《论法的精神》是一部气势恢弘、见解深刻的法学巨著，是许多法律学者的精神家园之所在。虽然已经过去了200多年，但当我们想到孟德斯鸠在这本书里所说的“一切有权力的人都容易滥用权力，这是万古不易的一条法则。有权力的人们使用权力一直到遇有界线的地方才休止”等富有洞察力的话语时，我们有什么理由把他划归历史，这难道不也是我们今天正面临的问题吗？我们将沿着前人指引的方向，为实现政治的法治化、民主化而继续努力。

知识点击

《波斯人信札》和《罗马盛衰原因论》

这是孟德斯鸠在《论法的精神》发表前所写的另外两部重要的政治法律著作。在《波斯人信札》中，孟德斯鸠假托两个波斯贵族在欧洲旅游时的通信，对当时法国的封建统治进行了嘲讽和抨击。《罗马盛衰原因论》是通过对罗马史料的研究来阐发法律思想，孟德斯鸠把它看成是《论法的精神》提前发表的一部分。

孤独的流浪者

——古典自然法学派的杰出代表卢梭

18世纪的时候，法国出现了一位著名的流浪者。他从小失去父母，靠别人抚养教育长大，饱尝生活的艰辛。长大后他依然过着寄人篱下和漂泊不定的生活，从事过许多不同的职业，如仆役、家庭教师、私人秘书、流浪卖艺的音乐家等。他的思想常常遭人非议、受人攻击，特别是他在1762年出版的《爱弥儿》一书，由于抨击了搞强制灌输、机械记忆和严酷体罚的经院教育，被各国封建统治阶级视为洪水猛兽。先是荷兰国会下令烧毁此书，甚至扬言要将作者也烧死，随后瑞士、法国政府也很快发布了相同的命令，法国政府称他是“行凶的力量”，下令逮捕他。他在万般无奈之下只好渡海逃到英国。后来他终于获得批准返回法国，但此时他只能住在一个简陋的小屋子里靠抄写乐谱挣钱糊口。法国当局丝毫不放松对他的监视，他连诵读自己的书稿都要受到警察的干涉和禁止，警察们还拦截他的书信进行检查。他

◀受迫害的卢梭

1762年卢梭的《爱弥儿》出版，惹怒了法国最高法院中的詹森教派教徒，在巴黎，他们下令焚书、逮捕作者，卢梭的好朋友卢森堡帮助他逃离法国。从此，卢梭开始了像亡命徒一样从一个避难处到另一个避难处的颠沛流离。

简直绝望到了极点，他说："我在巴黎比鲁滨逊在孤岛上还孤独。"1778年，这个孤独的人充满怨恨地离开了这个给他带来了太多苦难的世界。他，就是法国著名的思想家和法学家卢梭（1712～1778年）。

▲卢梭的思想深刻地影响了后世。这幅画的寓意表明，法国大革命者把卢梭奉为精神之父。

卢梭生活的18世纪，是古典自然法学派的兴盛时期。该学派汇聚了一大批法学界的精英人物，除了其开创者荷兰法学家格劳秀斯外，还包括荷兰的斯宾诺莎、德国的普芬道夫、英国的霍布斯和洛克、法国的孟德斯鸠和卢梭等，卢梭是其中的杰出代表。

其实，在当时引起强烈反响的《爱弥儿》虽然是教育方面的著作，但它所提倡的要爱护儿童、尊重儿童自然天性的发展的主张也可以说在一定程度上反映了卢梭的自然法思想。不过，这一思想最集中的体现还是在他的两部经典名作《论人类不平等的起源和基础》和《社会契约论》中。

1755年，卢梭发表了《论人类不平等的起源和基础》。在书中，他对人类的自然状态进行了描述。卢梭认为，在自然状态下，人们只是受着自然法的支配，除了智力、体力、健康等自然禀赋的差异外，在其他方面都是平等而独立的，不存在服从与被服从、奴役与被奴役的情况。由于人人平等，生活幸福而安宁，因此自然状态是人类的黄金时代。但是后来，"由于人类能力的发展和人类智慧的进步，不平等才获得了它的力量并成长起来"。卢梭把这种不平等划分为三个阶段：一是社会权威和私有制的出现，人们之间开始产生不平等的现象；二是私有制出现后，富人们为保障自己的财产免受损失，说服大家订立契约，建立国家，因而给予富者力量和穷者桎梏的国家和法律诞生了，不平等得以加剧；三是暴君的出现，

法律乃是公意的行为……法律只不过是我们自己意志的记录。

——卢梭

其一人决定一切，这是不平等的顶点。这时，事物会向相反的性质转化，不平等会重新转化为平等，人们会“回到自然”，恢复自己天赋的权利。而实现这一过程的手段，就是暴力革命。卢梭的这一思想，为资产阶级革命推翻封建专制制度提供了有力的理论武器。

1762年，卢梭又发表了《社会契约论》。在这部名著中，他系统阐述了自己关于国家和法的学说。卢梭认为，自然状态下的人们是自由平等的，他们通过社会契约结合成为国家，放弃自然权利而获得约定的权利之后，仍然应该是自由平等的。国家作为人民相互之间缔结契约的产物，应该是人民主权的体现，因此，作为维持国家和社会秩序工具的法律也必须是体现人民意志的，是人民理性的宣示和权利的保障。他说：“法律乃是公意的行为。”“公意”，也就是“国家全体成员的永恒意志”，所以，“法律只不过是我们自己意志的记录”，人们遵守法律，也就是服从和遵守自己的意志。而且，每个人在法律面前都应该是平等的，这是基于自然状态的平等而推导出的必然结论。

卢梭把法律分为四类：一是政治性法律，二是民法，三是刑法，四是风俗、舆论和习惯。在四者之中，他认为风俗、舆论和习惯是最重要的法律，因为它们是自然形成的，最接近自然法，因而也是生命力最强的。当其他的法律衰亡的时候，它可以使那些法律获得新生或代替那些法律。

卢梭还强调了法治的重要性。他主张建立一个实行完备法治的民主共和国。在这样的国家里，人民的理性是唯一的立法者；法律普遍得到遵守和适用；人们在法律面前一律平等，他们充分享受着自己的天赋权利并自觉地履行应该承担的义务。

卢梭的自然法学说揭穿了封建制度的不合理性，成为资产阶级建立法律制度的理论基础。在1776年美国的《独立宣言》、1787年美国宪法、1789年法国的《人权宣言》以及1791年法国宪法中，我们都不难发现卢梭思想的深刻痕迹。

延伸阅读

社会契约

契约意为共同交易，强调的是交易双方或多方的合意。社会契约思想指的是一种国家观，即基于人们的合意，把原本属于自己的天赋权利的一部分让出来，建立国家，从而保障自己的权利。社会契约思想首先由古希腊的伊壁鸠鲁提出，而后经霍布斯、洛克发展，最后由卢梭在《社会契约论》一书中推向顶峰。

为保卫人类而呐喊

——贝卡利亚的《论犯罪与刑罚》

▲贝卡利亚像

贝卡利亚（1738～1794年）是意大利人，出生于米兰的一个贵族家庭，优裕的生活使他从小就形成了懒惰、软弱的性格。他从帕维亚大学法律专业毕业后，回到了米兰，由于终日无所事事，感到厌烦，同时又受到当时启蒙思想的影响，他加入了由意大利人韦里在家中成立的一个激进讨论小组——“猛击”。小组的规则是每晚聚会进行讨论，并要求每个成员都得研究和掌握某一特定主题以在讨论中作出汇报。贝卡利亚选择了刑法，韦里认为他“有丰富的想象力……有独辟蹊径的头脑，只要懒惰和灰心丧气不抑制他”，于是就将小组经常讨论的议题——“对刑事立法的批判”这一他认为最适合雄辩和富有想象力的题目交给了贝卡利亚。贝卡利亚开始的时候并没有认真钻研，在朋友们的几经催促下，他才开始动笔。在写作过程中，韦里给了贝卡利亚很大的鼓励和帮助，并要求其弟弟亚历山大为贝卡利亚提供第一手资料。亚历山大曾担任过司法职务，对当时的刑事法律制度了如指掌。在众人的关注和帮助下，1764年，贝卡利亚完成了《论犯罪与刑罚》一书的写作。此书一面世，不仅令他的同伴们感到吃惊，更给了整个欧洲以空前的震撼。伯尔尼的爱国者协会在尚不知

刑罚不应是对付社会某一成员的暴力行为，它应该是公正的、及时的和必需的，在特定案件中应尽可能与其罪行成最小比例，并按照法律来决定。

——贝卡利亚

道作者是谁的情况下就决定授予作者金质奖章，并称他是一位“敢于为保卫人类，为反对最根深蒂固的偏见而呐喊的公民”。《论犯罪与刑罚》的法文译本在6个月内就印了7次，伏尔泰等大思想家都对它赞赏有加。此书传到俄国以后，女皇叶卡捷琳娜二世甚至还盛情邀请贝卡利亚到俄国帮助编纂新刑法典。

《论犯罪与刑罚》如此受欢迎，是因为它提出了许多振聋发聩的刑法改革思想，正切合了那个时代的需要。18世纪的时候，整个欧洲大陆都还严重地存在着宗教法庭遗留的影响，刑事司法制度非常黑暗，秘密起诉、严刑逼供、残酷的刑罚、随意的赦免在各地都司空见惯。随着启蒙运动的开展，许多人都疾呼要改革这种落后的制度。但是，把一切强烈的呼声集中起来，使之成为一种科学、文明、人道的理论的是天才贝卡利亚。他在《论犯罪与刑罚》中大声为保卫人类而呐喊，他抨击了旧的、蒙昧腐朽的刑法制度，完整、全面地阐述了一系列现代刑法理论。

《论犯罪与刑罚》篇幅不长但却博大精深，对刑法领域的许多重大问题都有精辟的论述。正如该书的书名一样，其内容也包括犯罪观和刑罚观两大部分，而以后者为重点。

在犯罪观部分，贝卡利亚认为犯罪有着政治、经济、社会等多方面的原因，犯罪是社会契约即法律的产物，是国家的法律所要惩罚的不服从。他还指出，衡量犯罪轻重的标准是社会遭受到的危害程度。他批驳了把主观犯罪意图、受害者的地位或教会所宣扬的将罪孽的深重作为犯罪标尺的观点，而把犯罪的社会危害性作为定罪量刑的唯一尺度，具有进步的意义。

刑罚观是全书的重点，这一部分内容非常丰富，贝卡利亚首次明确地提出了一些具有划时代意义的资产阶级刑法思想和原则：

知识点击

关于死刑

据统计，截至2003年底，从制度上或者实际上废除死刑的国家和地区总数已达到111个，而保留死刑的国家和地区总数则为84个。我国刑法中保留了死刑，但是，我国一贯坚持少杀、慎杀政策，规定死刑只适用于罪行极其严重的犯罪分子，而且在死刑适用上还有两条限制，即犯罪的时候不满18周岁的人和审判的时候怀孕的妇女，不适用死刑。近年来，死刑存废之争在我国开展得非常热烈。2005年3月14日，温家宝总理在回答记者提问时指出，出于国情的考虑，中国不能够废除死刑，但将用制度来保证死刑判决的慎重和公正。这是官方对激荡一时的死刑存废之争作出的最为权威的回答。

▲ 贝卡利亚认为，刑罚的目的在于防止犯罪，而非惩罚罪犯。他旗帜鲜明地反对酷刑，并第一次提出了废除死刑的思想。

一、罪刑法定原则。贝卡利亚强烈反对旧刑法制度中的罪刑擅断主义，主张只有法律才能规定什么行为是犯罪以及对犯罪处以何种刑罚。这也就是所谓的“法无明文规定不为罪，法无明文规定不处罚”。他指出，任何司法官员都不能自命公正地对公民科以刑罚，也不能随意解释刑法，他们的唯一使命只是判断公民的行为是否符合法律规定。唯有如此，才能保障公民的人身权利不受非法的侵犯。

二、罪刑相适应原则。贝卡利亚认为应建立两个阶梯，即犯罪阶梯和刑罚阶梯。有了这两个阶梯，就可以对较重的犯罪处以较重的刑罚，对较轻的犯罪处以较轻的刑罚，实现刑罚与犯罪的对称与相互适应。

三、刑罚的人道主义原则。贝卡利亚反对一切酷刑，主张刑罚应当宽缓人道。他认为一种正确的刑罚，其强度只要足以阻止人们犯罪就够了。“只要刑罚的惩罚后果大于犯罪所带来的好处，刑罚就收到了它的效果”，除此之外，一切都是多余的，因而也是野蛮的。

贝卡利亚所倡导的这三项原则对后世影响很大，它们奠定了现代刑法制度的基础，为现代刑法所普遍确认，我国刑法也明确规定了罪刑法定和罪刑相适应等基本原则。此外，贝卡利亚所主张的刑罚要及时、刑罚的目的主要是预防犯罪（防止罪犯重新犯罪和防止社会上一般的不稳定分子走上犯罪道路）而不是惩罚犯罪等思想也为各国刑法学家所肯定。在《论犯罪与刑罚》中，贝卡利亚还从死刑违反社会契约、不能产生最佳的威慑后果、会引起人们对受刑者的同情和对法律的不满、会毒害人的心灵以及一旦发生错误就无法纠正这五个方面进行详细论证，第一个提出废除死刑的必要性。这一思想深深影响了整个西方，直接导致了西方的废除死刑运动。

追求最大多数人的最大幸福

——边沁与功利法学派

▲边沁像

边沁（1748～1832年）出生于英国伦敦一个律师家庭。他从小聪明异常，有“神童”之称，深得父亲喜爱。在父亲的殷切期望下，15岁的边沁进入林肯律师学院学习法律，并在高等法院法庭中做见习生。然而，边沁没有沿着父亲的足迹走下去，生性腼腆的他对律师工作并不感兴趣。毕业以后，他接手的第一宗案件是一个关于衡平法的小案子，但他在庭上第一次露面之后就匆匆离开了，接着就结束了他刚刚开始的律师生涯，从此醉心于法律制度和理论问题的研究。

边沁对人类思想宝库的最大贡献是其功利主义思想和“最大多数人的最大幸福”原则。他小的时候非常喜欢读书，尤其是《忒勒马科斯历险记》，他说自己在看这本书时完全被主人公的完美品德征服了。他认为这本小说是他一生事业的出发点，也是其功利原则思想的最初萌芽。当然，客观来看，功利主义思想并不是边沁最先提出的，但是功利主义的理论框架则是由他在18世纪末创立的。他的功利主义思想包括三大部分：苦乐原理、功利原理以及法律调节与社会改革思想。这三个部分互相联系，密不可分，成为后人认识边沁本人及其思想学说的一条大线索。苦乐原理，顾名思义是指痛苦和快乐的原则。边沁试图运用

要按照看来势必增大或减小有关人的幸福的倾向，亦即促进或妨碍此种幸福的倾向，来赞成或非难任何一项行动。

——边沁

自然科学的方法，将人们情感体验上的快乐和痛苦准确地计算出来，从而来确定某事、某物对某人的确切价值。其中好的、使人趋于幸福的价值也就是边沁所说的“功利”。功利原理简单说来就是“两个凡是”的原则：凡是能有助于增进幸福的就是善的、美的，凡是会增加人的痛苦的就是坏的、丑的。而这既可以适用于对个人利益的判断，也可以从个人层面推广到社会领域。所以，法律调节与社会改革思想也是其功利主义思想不可或缺的一部分。

从功利主义思想出发，边沁提出了以功利主义为原则的立法思想，大力倡导法律改革。1789年，他发表《道德与立法原则》，系统地阐释了自己的功利主义法学思想。其核心就是认为，一项法律的制定和形成都有人的因素在内，法学家应该为社会最大多数人的最大幸福着想，去分析法律的内容，从而使法律能够不断地得到发展和进步，最终符合人们的最大福利。功利主义应该是立法的真正原则，立法除了接受它的指导外，不应受其他任何原则支配。具体到一个国家法律的制定，必须考虑全体国民的生存、平等、富裕和安全，这四项目标是检验一个政府是否合格、一项法律制度是否合理的重要标准。立法者必须运用这些功利主义的标准来衡量一项法律是否需要制定和修改，只有当要订立的新法中的乐（幸福）减去苦（痛苦）还有剩余时，才可以订立新法，否则不能订立新法，这样才能保证最大多数人的最大幸福。

边沁的功利主义法学理论吸引了一大批信徒，如詹姆斯·密尔及其儿子约翰·密尔等，逐渐形成了一个功利法学派。边沁和他的追随者们不仅仅停留在学术研究上，他们还积极投身实践，将功利主义理论和英国的社会实际结合起来，从而掀起了一场声势浩大的社会改革运动，对英国的立法实践产生了深刻影响。1832年英国议会选举改革的成功以及对刑法和监狱的改良，1834年济贫法的变更，1873年统一审判制度法的实施以及证据法的改革，都包含了边沁所领导的功利法学派的理论和实践的结晶。

延伸阅读

道德数学

边沁花了巨大的精力来探讨痛苦和快乐的计算方法，并为此提出了一套“道德数学”，分别细分了14种快乐和12种痛苦，分析了影响人们苦乐感觉的32种因素，并提出了计算苦乐数量的程序和方法。这套道德数学是边沁功利主义思想的重要组成部分，也是他功利主义法学的重要原则。

在泥瓦匠家中起草的文件

——《独立宣言》在烈火中诞生

人类生而平等，造物者赋予他们若干不可剥夺的权利，其中包括生命权、自由权和追求幸福的权利。

——美国《独立宣言》

▼本杰明·富兰克林(左)、约翰·亚当斯和托马斯·杰斐逊(右)正在讨论《独立宣言》的草案。

自15世纪末哥伦布发现美洲之后，欧洲许多国家纷纷在北美建立殖民地。最终英国成为北美大陆争夺战的胜利者，建立了13块殖民地，统称为“英属北美殖民地”。随着各个殖民地之间的交往日益频繁，在独立战争爆发前，各殖民地已形成了完整的经济体系，也融合为一个崭新的民族——美利坚民族。他们拥有共同的经济生活、共同的文化和强烈的民族意识。而英国对北美殖民地发展的压制与殖民地日益增强的离心力之间的矛盾，就成为北美13个殖民地要求摆脱英国殖民统治、实现民族独立的根本原因。18世纪上半叶，殖民地同英国的民族矛盾已相当尖锐。英国不但限制殖民地的发展，还对其进行大肆搜刮，颁布了《印花税条例》、《唐森德税法》，并采取高压政策压制殖民地人民的反抗，殖民地人民于是成立了“自由之子”、“茶党”等组织同英国斗争。1773年12月16日，马萨诸塞殖民地波士顿港口的“茶党”把东印度公司停在港口的货船上的18吨茶叶投入海中，这就是历史上有名的“波士顿倾茶事件”。之后英

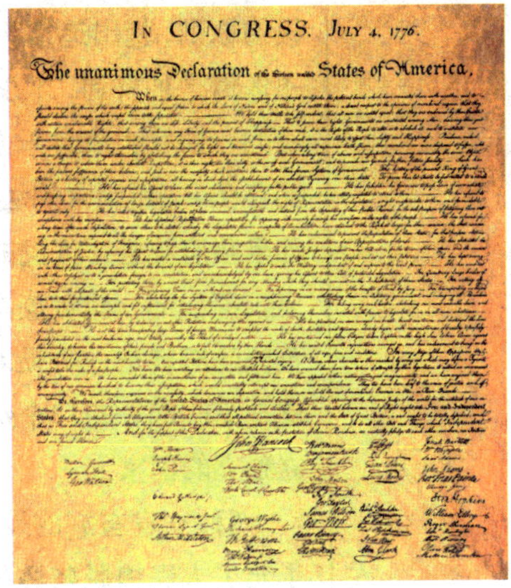

国颁布了高压性的报复法令：封锁波士顿港；取消马萨诸塞的自治权；英国官兵犯罪须送英国或其他殖民地审判，马萨诸塞司法当局无权过问；在波士顿驻扎英国军队；将马萨诸塞的一些土地并入加拿大魁北克管区。这被马萨诸塞殖民地人民称为《五项不可容忍的法令》，引起了强烈的不满和反抗。其他殖民地也纷纷支持马萨诸塞人民的斗争，不同的殖民地逐渐团结起来。1774年9月到10月，在费城召开了由12个殖民地代表参加的第一届大陆会议，这加强了各殖民地的联合，为独立战争奠定了组织基础。1775年4月18日，700名英军到波士顿附近的康科德搜查当地民兵的军火库，遭到民兵的伏击。民兵们打响了"莱克星顿枪声"，拉开了北美殖民地人民武装抗英的序幕，从此独立战争的熊熊烈火开始在北美大陆燃烧起来。

1776年6月7日，第二届大陆会议再一次在费城召开。会议接受了弗吉尼亚代表关于北美殖民地与英国断绝一切政治联系、正式宣布独立的提案，任命杰斐逊、富兰克林等五人组成宣言起草委员会。杰斐逊被推荐为草案的撰写人，他运用自己天才的智慧完成了美国历史上具有划时代意义的《独立宣言》草本。经过讨论修改，《独立宣言》于1776年7月4日得以通过。

《宣言》全文共2500字，分四个部分。第一部分阐明了著名的人权原则，"人类生而平等，造物者赋予他们若干不可剥夺的权利，其中包括生命权、自由权和追求幸福的权利"。这里体现了自然权利学说，即人一生下来就应该是自由而平等的，这些权利不是权威的恩赐，而是大自然所赋予的，因此是不可剥夺或转让的。平等应包括两个方面的内容：一是政治平等，即每个人在法律面前是平等的，都有权利直接或间接参加国家管理；二是经济上的平等。这种思想提高了人民的地位，承认了个人的尊严，从理论上摧毁了专制主义存在的基础。第二部分阐明了人民主权即主权在

▲《独立宣言》定稿，下方有各州代表的签名。这部宣言文件现在已经成为人类追求自由和平等的象征。

▼起草《独立宣言》的委员会的成员们站在主席约翰·汉考克面前，站立中左数第四人为杰斐逊。

民的原则，指出追求幸福是人人都应享受的、不可转让的权利，为了保障这种权利，才在人民中间成立政府。所以人民是主权者，政府的一切权力来自于人民，应当服从人民的意志，为了人民幸福而存在，它所制定的法律也必须为实现人民的基本权利提供保障。如果政府损害了人民的权利，人民就有权利、甚至有义务来推翻它。第三部分谴责英国殖民当局的种种暴政，列举大量事实证明英国政府就是一个损害了人民权利的政府，因此合乎逻辑的结论就是第四部分的13个殖民地宣布断绝与英国的一切政治联系而建立独立的国家。

《独立宣言》的发表，标志着美利坚合众国正式诞生，鼓舞了北美人民挣脱殖民枷锁、寻求民族独立的斗争。在《独立宣言》的指引下，美国人民逐渐扭转了对自己不利的战争局势。1783年，美国军队取得决定性的胜利；同年9月3日，美英签订《巴黎和约》，英国正式承认美国独立。而同样重要的是，《独立宣言》作为具有宪法意义的法律文件，为日后诞生的美国宪法以及一系列宪法修正案奠定了政治基础。美国宪法及其修正案的基本精神和框架早在《独立宣言》中就已经形成了，它们只是对《独立宣言》所确立的民主法制原则加以具体化，将《独立宣言》的理想变成了现实。

法是作为理念的自由

——黑格尔与哲理法学派

黑格尔（1770～1831年）是近代西方伟大的哲学家，他提出了“绝对精神”、“绝对理念”的概念，构筑了一个庞大的哲学体系，对后来的许多思想家有着深远的影响，马克思就是其中之一。黑格尔还将哲学的方法引入法学研究中，写出了《法哲学原理》等著作，构筑了一个复杂而精深的法哲学体系。他强调理性在法中的作用，提出“法就是作为一般理念的自由”，这种深刻的思想奠定了他在西方法学史上不可忽视的地位。

黑格尔把对法的认识作为自己法哲学的中心课题。他认为法是理性的产物，是由理性决定的，所以他首先提出“理念”这一概念。他说，法的概念本质上是理念的，也就是说我们只需要在旁边观察概念本身是怎样规定自己的就可以了，而不能加入任何一点属于非理性的，比如想象、心情以及友谊等东西。通过人的理性思维，理念才会化为法；通过人的理性思维，我们才能透过法的表象去追究蕴藏于其背后的理念。也就是说，法是被人们的理性所设定的，是由人来制定

任何定在，只要是自由意志的定在，就叫做法。所以，一般说来，法就是作为一般理念的自由。

——黑格尔

▶黑格尔像

和安排的。

接着，黑格尔指出了“自由”和“意志”的关系。他说：“自由和意志对我们说来就是主观和客观的统一。”在他看来，自由是人主观的东西，意志则由人的理性所规定。意志和自由既对立又统一，统一的前提是意志首先应当认识自身和自由这两种理念，这样意志本身就变成自由的了。

从自由的概念出发，黑格尔探究了人的冲动、任性与自由之间的关系。这里的冲动主要是就人的自然性而言，任性则是指人有选择的权利，即自由。他说，人和动物一样，有着食欲、性欲等自然倾向，动物没有意志，只有听凭冲动指引；但是人除了自然性之外，还具有社会性，他不可能听任冲动来行事，必须用意志对之进行规定，这就不是绝对自由。任性指自己可以任意凭冲动做出决定，但是黑格尔认为这也无法达致绝对自由。他指出：“通常的人当他可以为所欲为时就信以为自己是自由的，但他的不自由恰好就在任性中。”因为，正像洛克笔下的人类自然状态一样，甲的任性很有可能造成乙的无法任性，而同样乙在任性的时候，也可能妨害甲的自由，最终的结果是大家都没有自由。由此可见，冲动、任性都无法让人们理性设定的东西和内心的感受、呼声一致，即无法实现绝对自由。

那么如何才能达到绝对的自由呢？黑格尔指出“理性的东西是人所共走的康庄大道”，这也是达致自由的唯一途径。这里他指的“理性的东西”就是理性的法。用黑格尔的原话来说，“这样从意志

法学家、思想家们关于法律与自由的经典论述

法学家或思想家	有关自由的经典论述
伏尔泰	自由只服从法律。
柏拉图	法律是自由的保姆。
西塞罗	为了得到自由，我们才是法律的臣仆。
洛克	法律的目的不是废除或限制自由，而是保护和扩大自由。
马克思	自由就是从事一切对别人没有害处的活动的权利，这种活动的界限是由法律规定的，就像地界是由界标确定的一样。
孟德斯鸠	自由是做法律所许可的一切事情的权利；如果一个公民能够做法律所禁止的事情，他就不再有自由了，因为其他人也同样会有这个权利。

概念上来把握冲动，就是法学的内容”。他认为，当意志能把握冲动的时候，就能实现意志和自由的统一，即意志本身就成为自由。自由的意志构成了法，所以法是达致自由的途径。

最后，黑格尔顺理成章地得出了自己的结论。什么是法？他认为：“任何定在，只要是自由意志的定在，就叫做法。所以，一般说来，法就是作为一般理念的自由。”对冲动、任性和意志的充分论证，牢固地奠定了黑格尔理性法学的基础。为了使自己的抽象理论能更好地为世人理解，他还进一步举例进行了说明。他指出，毋庸置言，人生来就有着对权利的冲动，正如自然状态中的人们一样，这些冲动的存在是合理的，但任其自由发展势必走向冲突。所以，法中有关于权利、家庭以及国家等的内容，正是对以上诸种冲动的调节。以婚姻法为例，它是对人类两性之爱的冲动的调节，它规定夫妻双方的义务和责任，最终是为了更好地满足人们获得爱的需求。试想，如果任由人们的冲动发展，那人类和一般的动物又有什么区别？因此，只有冲动所要求的权利和冲动所产生的权利实现了辩证的统一，才实现了法哲学。换句话说，法哲学的根本目的就是调节二者以使其统一。

黑格尔的法哲学是一个非常深奥复杂的体系，要对其进行准确的把握，就必须将其放在哲学、逻辑学的背景中进行考察。跟着伟人的思维一路走下来，我们不难发现黑格尔论证中极强的逻辑性。他既是在思考法学问题，也是在探讨哲学问题，他的法学思想与哲学思想是密不可分的。他的哲理法学思想为法学注入了新鲜的血液，推动了法学的进一步发展。

▲ 黑格尔认为，法律是保障人类自由的必要条件。图为近代欧洲法庭，人们正是为了自由和平等而走进这里的。

没有开成功的课程

——奥斯丁与分析法学派

奥斯丁1790年出生于一个富有的磨坊主家庭，年轻时曾应征入伍，在军中共服役5年。退役以后，他开始自学法律，取得了律师资格并做了一段时间的律师。1826年，伦敦大学成立，尝试性地开设了一些新的课程，“法理学”就是其中之一。经人推荐，1827年奥斯丁被聘为该大学的首任法理学教授。他一接手课程后就马上赶赴德国进修，1828年春天返回了伦敦大学。但由于他的身体健康状况不佳，再加上法理学的难度比较大，直到1829年底才正式开课。尽管奥斯丁对这门新兴学科投入了极大的热情，但是由于他的学说理论性太强而且不实用，对于当时仅仅将学习法律作为谋生手段的大部分法律系学生缺乏吸引力，导致听课的人越来越少，只开了几次就不得不停止了。学生们的态度让奥斯丁受到了很大的打击，另外，法理学这门课程地位很低，没有被看做是法学研究的必要分支，这使他感到失望至极，于是在1835年向学校递交了辞呈。

法律是主权者对属民发布的带有制裁威胁的命令。

——奥斯丁

虽然课程没有开成功，奥斯丁却一直执著地研究法理学。身体不好在很大程度上影响了他的研究，但他总是想方设法克服困难。1832年，他出版了自己的研究专著《法理学范围之确立》。然而，同他的课程一样，他的学说在生前也一直得不到主流法学界的承认。直到他死后，人们才逐渐重视法理学这门基础课程并开始对他的学说产生兴趣。在这种情况下，奥斯丁的遗孀和朋友们将他的全部授课讲义编辑成《法理学讲义》予以出版。通过对《法理学范围之确立》和《法理学讲义》这两部著作的研究，人们发现了奥斯丁思想的巨大价值，于是“奥斯丁”成为法学界一个响亮的名字，这与他生前的默默无闻和郁郁不得志形成了鲜明的反差。

▲奥斯丁生活的时代，人们只重视司法实践活动，而对法理学这一学科并未引起足够的重视。

奥斯丁的研究成果，首先表现在他创建了法理学这门学科。在当时，法理学作为一门新开辟的学科，其范围、内容等均不明确。在人们的头脑中，法理学还处于与伦理学、政治学、哲学等尚未完全分离的混沌状态。因此，奥斯丁把确定法理学的研究范围和对象作为自己首要工作。他不仅区分了法律和道德、政治等的界限，而且指出，法理学的任务不是研究各个部门法本身的具体制度，而是对各个部门法中带有一般性、根本性的问题和原理作横断面的考察，揭示出其共同特点和规律，从而将法理学从其他学科中分离出来，成为一门独立的学科。

奥斯丁对法学更为突出的贡献，在于他将分析实证的研究方法引入了法学领域，开创了分析法学派。构成他的分析法学基础的，是著名的主权者命令说。这一学说的提出并非偶然，而是与他的军旅生涯有着必然联系。5年的时间虽然不是很长，但这段经历在他的性格和思想上打上了深深的烙印。终其一生，奥斯丁都对军人抱有极高的尊敬，而对命令和纪律的绝对服从是一个军人的天职。这种思想也影响了他对法律的认识，奥斯丁认为：“法律是主权者对属民发布的带有制裁威胁的命令。”这个定义中包含了两个重要因素，即主权者和命令，我们只有在了解了它们的含义的基础上才能全面把握奥斯丁的法律定义。在奥斯丁看来，主权者指的是在政治上占有优势地位的个人或集团，比如国王或者主权机关，其优势体现在等级、财富、品德等方面。那么什么是命令呢？奥斯丁解释道：“在你对我表示或通知我应该做某种行为或不应该做某种行为的意思时，如果我不服从，你便给我痛苦，那么你这种意思的表示，就

知识点击

新分析法学派

新分析法学派20世纪50年代形成于英国，创始人为牛津大学教授哈特（1907～1992年）。该学派与分析法学派和纯粹法学派的相同之处是都主张法学要从形式上分析法律规范。不同之处是新分析法学派认为，法律不是一种命令而是一种规则；法律制度本身不独立存在，只有结合法律的社会目的和社会政策来研究，才能达到分析的目的。

是命令。这就是说，如果甲对乙下了命令，则乙便有服从这命令的义务；如果乙违反这种义务，那么甲便可以对乙加以制裁。”可见，命令是主权者对人们表明的一种以制裁为后盾的愿望，具有强制性。奥斯丁认为，主权者的命令、人们的义务和对人们的制裁是密不可分的，命令一经下达，即法律一经制定，人们就只有服从和执行的义务，否则必然遭受制裁。

奥斯丁进而认为，既然法律是主权者的命令，而不是古典自然法学派所谓的人类理性和历史法学派宣扬的民族精神，那么只要是主权者颁布的法律，不管是好是坏，是不是符合正义的原则，都具有法律的性质和作用。即使法律是恶的，为广大人民所反对，但只要经过适当程序制定和颁布，其效力也丝毫不受影响，人们必须无条件服从。这种“恶法亦法”的观点是分析法学派的一大特色。

从主权者命令和“恶法亦法”论推导下去，奥斯丁指出，法理学研究的范围只应该是主权者制定的实际存在于社会生活中的法律，即实在法，不论其善恶；而研究的方法则是分析，即对实在法的内容、结构进行逻辑分析，揭示其共同的原则、概念和特征。他还指出，必须严格区分“实际上是这样的法律”（即实在法）和“应该是这样的法律”，也就是要区分法律的实然状态和应然状态。“实际上是这样的法律”是法理学所要关注的，而“应该是这样的法律”涉及价值判断问题，应该归属于伦理学的研究范畴。

奥斯丁的分析主义法学派不仅在整个19世纪都非常流行，而且对以后的一些法学流派产生了重大影响。如现代西方法学中的两个著名流派——纯粹法学派和新分析法学派，都是从奥斯丁的法学思想演变而来的。分析法学派虽然具有抛弃了法的价值评判、模糊了法的阶级性等缺陷，但是其分析实证的方法却无疑是值得我们在研究法律时予以借鉴的。

大革命中产生的人权保护“圣经”

——法国第一部宪法性文件《人权宣言》

在权利方面，人们生来是而且始终是自由平等的……这些权利就是自由、财产、安全和反抗压迫。

——《人权宣言》

18 世纪末期的法国，封建统治反动腐朽，各种矛盾错综复杂。当时的法国社会分为三个等级，僧侣为第一等级，贵族为第二等级，其他各种人都归为第三等级。前两个等级是特权等级，他们骄横跋扈，残酷压榨第三等级。第三等级中的资产阶级随着资本主义经济的发展而在经济实力上雄厚起来，但是在政治上却处于无权的地位。而且其进一步发展资本主义经济的强烈愿望也因为封建主义在劳动力、市场方面所加的种种束缚而受到压抑，因此资产阶级同封建阶级的矛盾非常尖锐。农民、工人、学徒、帮工等处在社会的最底层，所受剥削压迫最重，对封建统治就更为憎恶。这一时期，法国思想界掀起了声势浩大的启蒙运动，伏尔泰、孟德斯鸠、卢梭等思想家猛烈抨击封建统治粗暴践踏人权的罪行，提出了“天赋人权”、“主权在民”、“人人平等”等主张，呼吁人们为推翻旧的制度、争取自己的权利而斗争，使人们在思想上受到了一次深

▼在攻陷巴士底狱并释放了为数不多的囚犯之后，人们抓住了监狱长。他被砍掉的头颅，随后被枪尖高高挑起。

▲1789年8月26日，代表大会通过了《人权宣言》，这个宣言后来成了新宪法的基础。

刻的洗礼，一场摧枯拉朽的革命已经在孕育之中。

1788年，法国农业歉收，又出现特大雹灾，导致严重的饥荒，有的地方甚至出现了人吃人的惨案，人民的反抗斗争连续不断。这种危机四伏的状况，使得革命形势成熟了。为了阻止革命的爆发，1789年5月5日，国王路易十六在凡尔赛宫召开已停止175年的三级会议，想以增税和筹款来挽救国内危机。第三等级听说要召开会议时最初兴奋异常，他们决定通过这个机会来为自己争取应有的权利。但在会议上路易十六绝口不提改革，并警告大家提防革新思想。第三等级的代表既失望又愤怒，在广大人民群众的支持下，他们与第一和第二等级展开了斗争，宣告由自己组成国民议会，后又改称“制宪会议”，表示一定要制定一部代表全体法国人民利益的宪法，否则决不罢休。路易十六暴跳如雷，他偷偷调集军队，企图以武力镇压第三等级代表，解散制宪会议。消息传出以后，巴黎人民群情激奋，纷纷走上街头进行反抗，7月14日，他们攻占了象征封建专制统治的堡垒——巴士底狱，法国大革命正式宣告开始。

在巴黎人民高涨的革命热情推动下，制宪会议当天即开始着手起草《人权宣言》，8月26日，这部法国历史上的第一个宪法性质的文件得以正式通过并公布。《人权宣言》简短精练，它由序言和17个条文组成，全文不足2000字，但内容非常丰富。它以美国《独立宣言》为蓝本，以人权及其保障为核心，以启蒙思想家们提出的自由、平等、民主、博爱等理念为思想指导，提出了资产阶级在社会经济和政治法律制度方面的基本主张，主要内容是：

一、对人权的内涵、意义和价值作了概括性的规定。《人权宣言》指出，人权是与生俱来的、天赋的、不可剥夺的基本权利，人人在权利上都是平等的，这些权利就是自由、财产、安全和反抗压迫。一切政治结合的目的都在于保护和发展人的这种天赋的、不可侵犯的权利。《人权宣言》还深刻地揭露道："不知人权、忽视人权或轻蔑人权是造成公众不幸和政府腐败的唯一原因。"一针见血地指出了旧的封建统治的罪恶。

二、在国家政权方面，《人权宣言》规定了"人民主权"、"三权分立"等资产阶级民主原则。它指出全部主权的源泉根本上存在于人民之中，任何团体或个人都不得行使人民没有赋予的权力；全国公民都有权亲自或经由其代表去参与法律的制定，有权决定政府的开支和征税的税额，这就宣判了封建专制制度的死刑。《人权宣言》中还确立了"三权分立"的原则，指出任何社会，如果不能确立权力分立，就没有宪法可言。

三、在法治方面，《人权宣言》明确提出了一系列资产阶级的法制原则，如法律是公共意志的表现、法律面前人人平等、法无明文规定不为罪、罪刑法定主义、法不溯及既往、无罪推定、禁止非法控告或逮捕拘留以及私有财产权神圣不可侵犯等。

无论是概括性的规定，还是在国家政权方面和法治方面的民主原则的确立，都是紧紧围绕着保护公民基本人权这个核心的。因此，《人权宣言》是一部关于人权保护的"圣经"。它的公布，极大地启迪了法国人民的权利意识，鼓舞了他们的反封建斗争，一时间起义风暴席卷全国，推动了法国大革命走向高潮。同时，作为法国资产阶级的第一部政治经济施政纲领、法国历史上的第一部宪法性文件，《人权宣言》对法国宪法和法治的发展产生了深远影响，它后来被用作法国第一部宪法《1791年宪法》以及以后多部法国宪法的序言。《人权宣言》也是世界宪政史和人权发展史上的重要文件，它的思想内容为许多国家的宪法所效仿，它提出的人权思想也为后来一些世界性的有关人权保护的文件所吸收，具有重大的国际影响。

▼法国《人权宣言》

《人权宣言》是人类自由权利的基本宪章之一。1789年法国大革命胜利后，议会通过的基本原则是"人人生而自由，权利平等"、"宗教自由和言论自由"等。其中三权分立的概念正是来自于孟德斯鸠的《论法的精神》。

马伯里诉麦迪逊案

——美国违宪审查制度的肇端

▲大法官马歇尔

1801年的一天，美国最高法院首席大法官马歇尔遇到了一件棘手的案件，其来龙去脉是这样的：

19世纪初期，以总统亚当斯为首的联邦党和以杰斐逊为首的民主共和党之间的政治角逐日趋白热化。在1800年底举行的总统大选中，亚当斯未获连任，而杰斐逊胜出，成为美国第三任总统。为了挽回联邦党的颓势，亚当斯在总统权力交接之前，对司法机构做出重大调整。他首先是任命自己的国务卿、联邦党重要领导人之一的马歇尔出任首席大法官，然后迅速任命了一批联邦党人出任美国联邦法院法官的职位。这些法官在亚当斯卸任的前两天才获得国会批准，因而被人们戏称为“午夜法官”。在杰斐逊就任总统的前一天，即1801年3月3日，作为亚当斯政府国务卿的马歇尔仍然在履行自己的职责，他签署了42名联邦法官的委任状，并加盖了国印。由于行事匆忙，有几位法官的委任状未能当天送出，其中一位就是马伯里。第二天，新总统杰斐逊正式就职，他对亚当斯卸任前大搞“午夜法官”的做法十分恼火，便授意自己的国务卿麦迪逊截留了这些尚未发出的委任状。马伯里等几位已得到任命，但又未收到正式委

自马歇尔时代开始，并且主要因为他创立的经验，在讲英语的法院里都认为马伯里诉麦迪逊判例是成文宪法固有的不可缺少的特色。

——美国大法官弗兰福特

任状的人自然十分不满，因此马伯里向最高法院提起诉讼，请求最高法院强制国务卿麦迪逊交出委任状。因为按照美国1789年《司法法》的规定，美国最高法院可以受理针对美国联邦官员的案件并下达强制令。这就是著名的马伯里诉麦迪逊案。

马歇尔在做判决的时候，面临着一个困境：一方面他跟马伯里同属于联邦党的成员，如果简单地驳回马伯里的请求，那就意味着联邦党人在这场政治斗争中落败，而且也表明自己执掌的司法权向行政权力屈服；另一方面，他又不得不考虑政治现实，当时最高法院的权威尚未建立起来，如果贸然地向国务卿麦迪逊颁发强制令，他未必会执行。事实上，按照杰斐逊总统的宪政理念，他认为最高法院无权对他的政府下达强制令，因此他指使麦迪逊拒绝出庭，并拒不说明不送达委任状给马伯里等人的理由。所以可想而知，即使马歇尔支持马伯里的诉讼请求，判令麦迪逊交付委任状，麦迪逊也根本不会理睬。

> **知识点击**
>
> **违宪审查**
>
> 违宪审查指为了保障宪法实施，对法律法规和法律性文件，以及一切机关、组织和公民的行为进行审查，并对其是否违宪作出裁决的活动。其体制有3种：1.司法机关审查，以美国为代表；2.立法机关审查，以英国为代表；3.专门机关（如宪法法院、宪法委员会）审查，以法国为代表。

那么，应该怎样处理才能平衡各方的利益纷争，达到一个较为圆满的结果呢？

马歇尔将整个案件的争议分解为逻辑上层层递进的3个核心问题：1.马伯里是否具有担任联邦法官的权利？回答是肯定的。2.马伯里的这种权利受到侵犯之时是否应当获得法律救济？回答同样是肯定的。3.马伯里能不能通过最高法院这个平台获得法律救济？这是进一步的程序问题，马歇尔一改先前的肯定态度，转而否定，而这正是判决的关键所在。

马歇尔首先认为，马伯里完全具有担任联邦法官的权利，因为委任状已经由总统签署，并且由国务卿加盖了美国国印，马伯里已经得到了正式任命，这一任命是不可撤销的。麦迪逊拒绝将委任状交给马伯里，就是侵犯了马伯里的权利。接着马歇尔又论证道，马伯里的权利遭到侵犯，无疑是可以获得法律救济的，因为美国政府是法治政府，政府的第一职责就是给予公民以法律保护。最后也是

最核心的问题浮出水面了。如果法律应当对马伯里予以救济，那么应当通过何种途径呢？最高法院是马伯里寻求救济的一个适当的平台吗？这次马歇尔斩钉截铁地回答“不”。因为美国宪法第三条规定，对于涉及外国使节和以一州为当事人的案件，最高法院拥有初审管辖权，即可以直接受理；对于其他一切案件，最高法院只享有听取对低级法院审理案件的上诉的权利。也就是说，在这些情况下，最高法院不能直接受理案件，马伯里诉麦迪逊案显然就属于这一类。但是，1789年《司法法》又规定了最高法院的初审管辖权包括对联邦官员发出强制令，马伯里就是以此为依据而向最高法院起诉的。两个规定有矛盾，最高法院应当遵从哪一个呢？马歇尔旗帜鲜明地指出：“极为明显而不容置疑的一个结论是，宪法取缔一切与之相抵触的法案。”宪法是最高的法律，具有最大的权威，《司法法》不适当地扩大了宪法所规定的最高法院的初审管辖权，违反了宪法的规定，是无效的，因而马伯里不能依据《司法法》从最高法院获得法律救济。案件的最终结论就是，马伯里要求麦迪逊将委任状发放给自己的权利请求完全正当，是能够获得法律支持的，但是不能够通过最高法院获得救济。

经过极富逻辑的严密论证，马歇尔为这个轰动一时的案件画上了一个圆满的句号。马歇尔在宣称《司法法》因违背宪法而无效的同时，无形中确立了这样一个宪法原则，即由司法机关在案件的具体审理过程中来认定所适用的法律是否违背宪法的规定，从而开创了由司法机关来进行违宪审查的先河，形成了独具特色的美国违宪审查制度。最高法院自取自封的司法审查权使司法部门能够有力地制约立法和行政部门，确保了分权和制衡的实现，这一制度在美国的政治和司法实践中发挥了重要作用。

▲马歇尔巧妙的判决确立了美国的违宪审查制度，在为联邦党的政治行为投了赞成票的同时又顾全了民主共和党以及总统杰斐逊的面子，真可谓一石数鸟。

“不会被任何东西摧毁的，会永远存在的，是我的民法典”

——拿破仑与《法国民法典》

▲《法国民法典》封面

《法国民法典》的制定有着深刻的历史背景。18世纪后半期的法国，虽然在政治上已经统一了很久，但法律却还非常分散混乱。著名思想家伏尔泰就曾不无嘲讽地指出，对于在法国出外旅行的人来说，更换法律如同更换他的坐骑一样频繁。而且，这些法律都是在封建时代制定的，维护着封建等级特权和落后的经济关系，严重阻碍了资本主义经济的发展和商品交换。1789年法国大革命爆发，封建统治被推翻，为统一的资本主义民法典的产生提供了条件。1791年，法国制定了第一部宪法，其中明确规定：“应制定一部适用于整个王国的民法典。”从1792年起，国民公会就开始着手编纂民法典的准备工作，但由于各种原因，编纂工作被搁置下来。直到1799年，行伍出身的拿破仑通过政变上台，他怀着“做一个伟大立法者”的雄心壮志，开始了编纂法国民法典的历史伟业。

法国民法典的问世，开辟了一个新纪元，整个大陆法系都因此产生了深刻的变化。的确，在典型的近代形式的民法典面前，先前的法律荡然无存，就连辅助性的作用也谈不上了。

—— 美国法学家艾伦·沃森

延伸阅读

大陆法系

大陆法系是以罗马法为基础而发展起来的法律的总称，因其影响范围主要是欧洲大陆国家而得名，又称民法法系、罗马法系、法典法系。它以《法国民法典》和后来的《德国民法典》为代表形成了两个支系。大陆法系影响非常广泛，除欧洲国家外，曾经是法国、德国、荷兰、葡萄牙等国殖民地的国家以及亚洲的日本等也属于该法系。大陆法系具有制定法传统，对于基本的部门法大都编纂了法典，这是它与以判例法为主要法律渊源的英美法系的显著区别之一。

在《法国民法典》的起草过程中，拿破仑倾注了极大的心血。1800年，他任命4名经验丰富的法学家组成法典编纂委员会，正式开始民法典的起草工作。1804年3月，拿破仑签署法令，《法国民法典》正式颁布实施。由于他在编纂民法典过程中起到了重要作用，这部法典又被称为《拿破仑法典》。

《法国民法典》以罗马法、特别是《法学阶梯》为蓝本，由总则和三编构成。总则是一个简短的序言，只有6条，规定了民法典的公布、效力以及适用范围等。第一编为“人法”，第二编为“财产及对于所有权的各种限制”，第三编为“取得财产的各种方法”。

《法国民法典》是法国大革命的产物，其理论基础主要是革命前和革命期间资产阶级启蒙思想家的革命思想和法制思想，因而法典的内容具有鲜明的革命性和时代性，贯彻了一系列资产阶级民法原则，主要体现在：

一、民事主体平等的原则。法典不仅规定凡成年的法国人都平等、自由地享有民事权利，而且宣布这一规定也适用于居住在法国的外国人。这就彻底否定了由身份地位来决定权利有无和多少的封建等级制度，确立起法律面前，人人平等的原则。

二、私有财产神圣不可侵犯原则。对私人财产所有权无限制的维护是这部法典的精神实质。法典对所有权的含义进行了明确的界定，强调所有权具有绝对性和无限制性。一般情况下，所有权不受任何侵犯，国家如果要征用私人财产，只能根据公益的理由并要以给予所有人公正和事先的补偿为条件，这对于保护公民权利具有积极意义。

三、契约自由原则。所谓契约自由，即当事人可以自由决定订立契约的对象、方式、内容、效力等，当双方的意见一致时，契约成立。这充分体现了商品经济的内在要求，有利于促进商品的流通，进而推动经济发展。法典还规定，契约一旦有效成立，当事人就必须按照约定善意履行，非经双方同意，任何一方不得修改或废除契约。

四、过错责任。法典规定承担责任必须以行为人有过错（故意或过失）为基础，认为只有在与人的意志选择有关的行为造成他人损失时，行为人才负有责任。从一个侧面来看，过错责任的规定也是对个人自由权的确认。

在婚姻家庭方面，法典保留了若干传统的规定，比如，在夫妻关系上仍存在男尊女卑和不平等；在遗产继承上，歧视非婚生子女。但这是那个时代的局限性，不能仅仅看成是法典自身的缺陷。

作为第一部资本主义的民法典，《法国民法典》的意义是巨大的。在法国国内，它带动和鼓舞了其他法典的编纂，对法国资本主义法律体系的迅速建立起到了重要作用；就世界范围来说，它在19世纪独领风骚，开创了一个模仿或移植法国法的新时代。随着拿破仑的征战和法兰西帝国在19世纪的殖民扩张，《法国民法典》跟随三色旗走遍天涯。尽管后来殖民地取得了独立，但民法典所确立的法律制度已深深融入了当地的社会生活，成为其现代法制的基础。《法国民法典》还传播到一些从未遭受过法国殖民统治的国家和地区，对大陆法系的形成起了至关重要的作用。

▼在《法国民法典》的起草过程中，拿破仑倾注了极大的心血，他亲自参与法学家的讨论和审议法典草案，展现了他在法律方面的天赋和智慧。

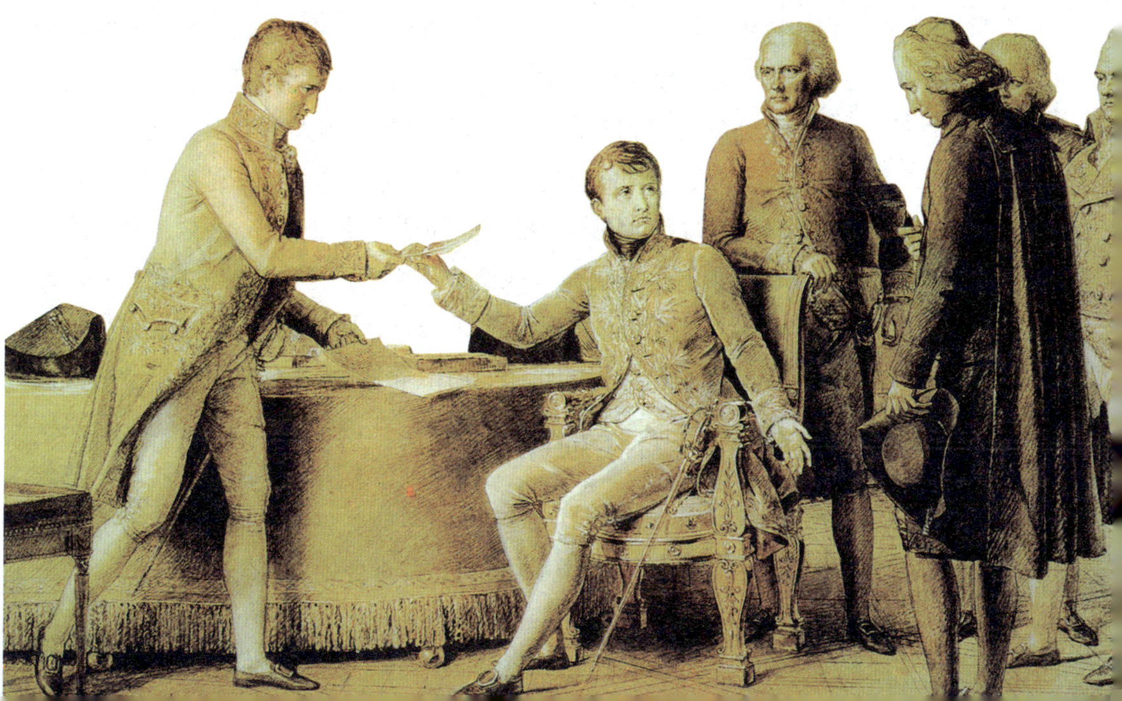

为权利而斗争

——耶林的《为权利而斗争》

《为权利而斗争》一书的作者耶林（1818～1892年）是19世纪伟大的德国法学家，他在学术研究上硕果累累，他的《罗马法的精神》、《法的目的》等都是享誉世界的著作。

耶林是一位喜欢喝酒、心胸开阔、豁达开朗的学者，这种性格特征在他的《为权利而斗争》一书中表现得淋漓尽致。他为了提高人们的权利意识而振臂高呼。他在全书的开篇即指出："法的目标是和平，而实现和平的手段是斗争"，"大凡一切权利的前提就在于时刻都准备着去主张权利。法不仅仅是思想，而是活的力量。因此，正义女神一手持有衡量权利的天平，另一只手握有为主张权利而准备的宝剑。"

耶林认为，人不同于动物，人必须要珍视自己的人格和精神利益。而从法理上说，权利就是人的自由、人格的具体化表现，对权利的侵害也就是对权利人人格和自由的侵害，是对权利人的蔑视和侮辱。当人的权利被侵害时，内心里面会瞬间爆发痛苦，其原因并不是单纯的物质利益得失，更重要的是因为人感觉到自己的尊严没有得到尊重，这种痛苦远远超过了财物上的损失。他举例说，有的人为什么为了几块钱的不公正，而情愿花上几倍、甚至十几倍的金钱和精力来讨个说法呢？这绝不是为了获得几块钱的赔偿，而是捍卫作为人应当受到的公平对待的尊严。相反，懦弱妥协、完全放弃权利就等于是精神上的自杀。所以耶林说："对向人格本身进行挑战的无礼的侵权行为，以及无视权利、侮辱人格的行为进行抵抗，是公民的一种义务"，而且，"它首先是权利人对自身的义务"。

法的目标是和平，而实现和平的手段是斗争。

——耶林

耶林进一步论证，为权利而斗争不仅是为了维护个人的人格和尊严，还是公民对法律、对社会的义务。法和权利是密不可分的，德语中的“法”与“权利”本来就是一个词。耶林指出：“权利，一方面从法律内获得自己的生命；另一方面，也反过来给法律以生命。”他认为，权利是法律所赋予的，法定权利是法律所保护的利益，是建立和维持良好的社会秩序所必需的。侵害权利的行为不仅违反了法律，也破坏了社会的正常秩序。只有权利人积极维护自己的权利，违法行为才能得到纠正，法律的尊严才能同时得以捍卫；而通过捍卫法律，同时也维护了对国家来说不可缺少的社会秩序。因此，“争权”即“护法”，是公民对法律和社会的义务。如果大家在权利受侵害时都隐忍退让，不去表达自己的不满，那么无形中就等于鼓励了不正当的违法行为，其结果伤害的不仅仅是个人的利益，也损害了法律和社会的整体利益。因此，公民必须把维权当做自己对法律、对社会应尽的崇高义务来看待，自觉地做为权利而斗争的战士。

▲美国民权运动领袖马丁·路德·金，他一生都在为争取有色人种的平等权利而斗争。图为他在林肯纪念堂前演讲。可以说，这是对耶林的“为权利而斗争”最好的继承和发扬。

基于以上两点，耶林强调了培养和提高公民权利意识的重要性，他说：“每个公民健全的、有力量的权利感觉，对国家而言，是自身力量中最丰富的源泉，是对内对外生存独立的最切实的保障。”他还认为，权利意识的培养必须依靠持续不断的教育，尤其是社会现实中各种活生生的事例的教育。否则，“即使你把罗马《国法大全》全部背诵下来，也不能说你就知道了权利是什么。”

《为权利而斗争》一经出版即受到了广泛的欢迎，两年内就印到了12版，此后又被译成20多种文字，流传到世界各国。这是一本培养权利意识和公民精神的经典著作，对于缺乏权利感觉、维权意识淡薄的东方民族来说，此书包含的思想尤为珍贵。“为权利而斗争”，时时刻刻记住耶林的这句传世名言吧，这样我们才能真正成为高素质的现代公民，而国家法治的宏伟蓝图也才能真正得以实现。

从身份到契约的运动

——梅因的《古代法》

▲梅因像

19世纪中期，英国处于国力蒸蒸日上的辉煌阶段，经济高速发展，海外殖民活动迅速扩张，社会财富急剧增长。在这种背景下，人们的思想开始浮躁，逐渐产生了一种淡漠历史的倾向，在英国的法律界更是如此。当时的一位富有远见卓识的法学家对这种现象深表不满，他批评了在研究中不加以考证而进行推论或假设的做法。他受德国历史法学派的影响，认为历史和现实是不可割裂的，要想真正把法律弄透彻必须要掌握清楚法律客观的发生、发展的历史进程，所以首先要采用历史的方法对西方的古代法、甚至东方的法律做深入的研究。他将一生的主要精力都贡献给了对法律史的研究，并写出了《古代法》、《古代法制史》以及《古代法律与习惯》等关于法律史研究的巨著，在当时和后世都产生了巨大影响。“使英国的法学家们终于明白，如果他们想要更好地理解法律，那么他们必须进行历史的研究。”这位伟大的法学家就是19世纪英国著名的法律史专家梅因（1822～1888年）。

《古代法》是梅因最杰出的著作，共10章，20万字，内容非常丰富，涉及法学、历史学和人类学等领域。梅因在此书中详细考证了以罗马法为代表的西方社会法律的发展状况，并参照东方印度社会加以比较，从而清晰地揭示了人类早期

所有进步社会的运动，到此处为止，是一个“从身份到契约”的运动。

——梅因

社会政治法律制度的演化过程和它的一般规律。他指出，由"地美士第"时代发展到"习惯法"时代，最终达到"法典"时代是具有典型性的法的一般演化模式。所谓"地美士第"，指的是一种神的信念，即以神谕的形式来约束人们的行动。在上古时期，氏族首领都是假借神意的指示而作出判决的，并没有形成一般原则，法还处于萌芽状态。随着社会的进步，法律发展到了"习惯法"阶段，"习惯法"是为特权阶级所秘藏的不成文法，其解释权和行使权都操纵在少数特权者手中，具有很大的随意性。再后来，由于文字的发明，加上大多数人对于少数特权者独占法律表示不满与反抗，促成了法以法典的形式记录下来，并公布为公众所知晓，这使得法典时代最终来临。在法典时代，人类社会划分为静止的和进步的两种社会，前者是东方社会，后者则是以罗马法和英国法为代表的西方社会。在静止社会中，法律不再改进，在进步社会中则需要继续改革法律，以适应社会需要。改革的方法有三种：其一是法律拟制，指对旧的法律规则和原则加以灵活的运用，如罗马的法律解答；其二是衡平方法，用来补救原有法律的缺陷，如罗马以裁判官法来补救《十二铜表法》之不足，而英国以衡平法来补救普通法之所失；其三是立法，即由立法机关制定法律法规。

▲梅因认为，所有进步社会的运动，是一个"从身份到契约"的运动。这幅画描绘的是公证处的一个场面，人们通过契约形式来获得相应的社会地位。

梅因进而对他所称的进步社会的法律运动进行了研究，最后得出了一个重要结论：所有进步社会的运动，到此处为止，是一个"从身份到契约"的运动。这一论断以近乎公式化的语言和极其简洁的方式表达出来，从而广为人知，说它是全部英国法律文献中最著名的文句也毫不夸张。梅因是怎么论证这个"从身份到契约"的过程的呢？

通过对罗马早期社会父权家长制的考察，梅因注意到了这样一个现象：在父权家长制下，作为社会基本单位的不是个人，而是个人的集合，即按照血缘关系结合而成的集团性组织，也就是家族。个人是依附于家族的，没有独立的地位和自由活动的余地。所谓的“身份”，就是指个人对父权制家族的隶属关系。这是一种先天的、固定不变的关系，任何人都不能凭自己的意志和努力摆脱这种关系的束缚。在以身份关系为基础的社会里，身份就是人格状态的标志，是赖以确定人们的权利能力和行为能力的基准。人们一旦从社会获得了某种身份，也就意味着他获得了与此种身份相适应的种种权利。但是，随着社会的发展，封闭落后的自然经济逐渐被打破，家长权日渐衰微，同时，罗马公民权的普及也提高了个人的地位。于是到了罗马帝国后期，个人的人格状态发生了根本性变化，从依附于家族的个人转变为独立、自由和自决的个人，成为了社会和民事法律关系的基本单位。人们从此可以独立、自主地参与民事活动，相互之间经自由合意而形成契约，从而建立在地位平等、意思自由基础上的契约关系也就取代身份关系而成为社会中的主导法律关系。于是，梅因得出了他的“从身份到契约”的著名结论，并指出，“从身份到契约”的过程，实际上就是人不断走向自由和独立的过程。这一论断虽然不能被视为人类社会历史发展进程的基本规律，但是，作为社会法制发展状态的一种概括和描写，无疑是正确的。

知识点击

梅因与历史法学派

历史法学派的影响主要是在德国，但是，由于梅因主张用历史的方法研究法律的发展，通常人们也把梅因看做历史法学派在英国的代表人物。不过，梅因与德国历史法学派的观点有所不同，萨维尼等德国历史法学派认为习惯法超越于一切法律之上，而梅因在肯定习惯法作用的同时，指出习惯法必须要进一步发展为成文法典。这种发展也反映了他所归纳的法的一般演化模式的后两个阶段。

梅因的法律史学说并不完全科学，比如他把东方社会看成是静止的社会，这不能不说是一种偏见。但是瑕不掩瑜，他研究法律时所运用的历史的、比较的方法，其进步性和科学性是毋庸置疑的，有人评价其为：“在大师的一击之下，铸造了法学、历史学与人类学之间崭新的、永恒的结合。”他的“从身份到契约”的命题影响空前，成为流传最广的法律名言之一。

基因的奴隶

——“犯罪学之父”龙勃罗梭

▲龙勃罗梭像

自称为“基因的奴隶”的龙勃罗梭试图从基因方面来解释犯罪的原因，提出了“天生犯罪人论”。他认为，有这么一种人，他们从出生那一刻起就具有一些特殊的生理特征，比如有着巨大的颌骨、高耸的颊骨、突出的眉骨、单线的掌纹、极大的眼窝等。这些特征非常类似于我们在野蛮人和类人猿身上看到的特征，它们决定了这些人天生就有着犯罪性，今后必定会成为罪犯。他的观点在法学界引起了极大的反响。

龙勃罗梭（1835～1909年），意大利人，幼年志向是做医生，曾在大学攻读医学，毕业后当过军医和医学院教授。一个非常偶然的机会，他开始从医学转向对犯罪起因的研究，其灵感来自于对意大利最著名的土匪头子莱维拉的尸体解剖。1870年12月的一天，龙勃罗梭打开了莱维拉尸体的头颅，突然，他眼睛一亮，因为他发现莱维拉的颅骨所在部位有一处明显的凹陷，位置如同低等动物一样，恰恰在枕骨的正中间，与鸟类中所谓小脑蚯蚓部肥大相当。一个念头像闪电一样划过龙勃罗梭的脑海：返祖遗传！龙勃罗梭毫不迟疑地断定，莱维拉的身上再现了原始人类和低等动物的残忍本能。这一瞬间的念头改变了龙勃

犯罪人是一种自出生时就具有犯罪性的人。他们的犯罪性是与生俱来的，是由他们的异常的生物特征决定的，犯罪人是生来就会犯罪的人。

——龙勃罗梭

罗梭的人生，他从此开始走上对犯罪学的研究道路。

虽然起因是出于偶然，但龙勃罗梭在对犯罪学研究上取得的成就却是有必然性的。他从未专修过法学，然而他终生工作于手术台、实验室和医疗所，这为他采用实证方法进行研究提供了有利条件。在对成千上万个犯罪人进行细心的人体测量、尸体解剖和资料收集与分析后，龙勃罗梭发表了一系列关于犯罪学的著作，不过他在犯罪学方面研究的精华全部集中在《犯罪人论》这部著作中。《犯罪人论》发表于1876年，它为龙勃罗梭赢得了世界性的声誉。我们可以从两个大的方面走近他独树一帜的理论。

首先，对犯罪原因的探究——犯罪原因论。一个人为什么会犯罪？是否所有的犯罪人都具有某些共同特征？在解剖莱维拉头颅的时候，龙勃罗梭望着那奇怪的畸形物，对这个问题突然恍然大悟，就如同一个迷途者在茫茫黑夜中猛然看到了一条光芒四射的道路。他后来又对383名意大利犯罪人的颅骨进行解剖，发现其中有210名犯罪人都具有他在莱维拉身上所发现的那些异常特征。于是，他得出结论，犯罪是由于遗传的原因造成的，这种遗传可以是上下两代之间的遗传，也可以是隔代遗传，它造成某些现代人的生理和心理恢复到原始人或者低等动物的阶段，其结果就是这些人在行为或者性格上容易与社会脱轨而产生犯罪。

作为第一个吃螃蟹的人，龙勃罗梭超人的想象力不得不令人深深佩服。然而，一些人对犯罪人的天生性这一点提出了质疑，甚至嘲讽龙勃罗梭自己也是天生犯罪人。随着研究的深入，在吸收了他人的评论和建议之后，龙勃罗梭对自己的理论进行了修正，开始把目光从单个的基因扩展到犯罪人所处的自然和社会环境，这使得他的犯罪原因论得以进一步充实。无独有偶，正像孟德斯鸠在《论法的精神》里谈论气候、地理等对法律的影响一样，龙勃罗梭也论证了气候、季节、月

延伸阅读

实证主义犯罪学派

实证主义犯罪学派是运用观察、分类以及定量研究的自然科学方法来研究犯罪的一个学派，其研究模式直接师承著名哲学家孔德所倡导的实证主义（强调“观察优于想象”，认为在以被观察到的事实为基础的知识之外，没有真实的知识）。实证主义犯罪学派的创始人是龙勃罗梭，他将该学派的产生归因于自己对人脑以至整个躯体组织的观察以及在此基础上所作的生物学研究。其他代表人物还有龙勃罗梭的学生菲利、加罗法洛等。

份、年份等对犯罪的影响。在社会原因方面，他认为文明的发展程度、财富、人口多少等对生活在其中的人都有影响，都会在某些方面促使一些人产生犯罪行为。

▲英国最后一个被处以绞刑的女囚犯鲁斯·埃丽斯是一名精神病患者。她在1955年复活节的晚上枪杀了自己的男友。

犯罪原因论是龙勃罗梭犯罪学思想的核心，他在不断的研究中将之完善和系统化。按照他所归纳的犯罪原因，犯罪人可以分为4类：(1) 天生犯罪人，是一种自出生时起就具有犯罪性的人；(2) 激情犯罪人，是一种在激情作用下发生暴力行为的人；(3) 精神病犯罪人，是一种由于精神病的影响而犯罪的人；(4) 偶然犯罪人，是一种由于极其轻微的原因而偶然犯罪的人。那么，针对这些不同类型的犯罪人，社会该如何处理呢？这就涉及犯罪对策方面的问题。

这样，对犯罪人应作何反应的研究就成了龙勃罗梭犯罪学理论的另一大线索，即犯罪对策论。他认为既然犯罪的原因是各异的，那么对待它们的反应也就应该具体问题具体分析。天生犯罪人的犯罪是体质上遗传的结果，他们具有先天的犯罪倾向，几乎是不可救药的；精神病犯罪人有着病理上的原因，也难以防范。于是，龙勃罗梭就把研究的重点放在激情犯罪人和偶然犯罪人身上。他认为，刑罚的根本目的不是镇压而是预防，所以首先应当预防犯罪人的产生，而不是用刑罚手段加以惩罚，在此基础上他针对不同犯罪提出了一些具体的预防措施。他还指出，在人们犯罪以后，必须对其进行矫治，从而使防与治结合起来，做到防患于未然，救治于已然。

也许我们不尽认同龙勃罗梭所说的犯罪人具有天生性这一点，但是我们应当注意到，这一理论与他所处的时代密切相关。19世纪中叶，自然科学获得了迅猛发展，达尔文提出了人兽同源的进化论。在这种背景下，龙勃罗梭第一个将自然科学的成果引入犯罪学的研究之中，不仅采用了实证方法，还大胆地提出了天生犯罪人论，其作为开拓者的勇气和理论创新精神是值得肯定的，他无愧于“犯罪学之父”这一美誉。

阿布拉哈姆诉合众国案

——霍尔姆斯与实用主义法学派

▲这幅漫画反映了美国对苏联新生的共产主义政权的恐惧，由此不难理解美国政府为什么会出台旨在保障国家安全的《惩治间谍法》。

1919年，美国联邦最高法院受理了“阿布拉哈姆诉合众国”一案。阿布拉哈姆是一名纽约州居民，出生于俄罗斯。和大多数美国移民一样，他仍然关注着自己出生国的发展和荣辱。1917年，因为反对美国派兵围剿新生的苏维埃政权，他在纽约的一个地下室中印制了反对美国出兵的传单，并四处张贴。次年，美国以违反《惩治间谍法》为由，将阿布拉哈姆和其他6名俄国人推上了法庭。联邦法院判决7人有罪，阿布拉哈姆不服，上诉到最高法院，但最高法院却支持了下级法院的判决，认为阿布拉哈姆等人的行为是对美国国家的不忠，是对美国政府的诽谤；认为他们的行为妨碍了美国在欧洲的军事行动和外交活动，而且有可能引发革命，因此构成犯罪，应当予以处罚。当然，这样的判决结果并不是所有法官的共同意见，大法官霍尔姆斯（1841～1935年）就发表了一篇长文予以反对，并对最高法院的最终判决表示深深的遗憾。他认为，阿布拉哈姆并没有侮辱和诽谤美国国家和政府，更没有充分的证据表明他对美国在海外的军事行动和外交活动产生了妨碍。他印制和散发传单只是一位美国公民在行使发表自己意见的正当权利，而这种权利是美国宪法中明确规定了的。他因此对《惩治间谍法》规定的“在合众国处于战争状态时，无论任何人，凡针对合众国的政

法律的生命在于经验，而不在于逻辑。

——霍尔姆斯

体、宪法、陆军、海军……故意发表、撰写或出版任何不忠的文字者，将被处以1万美元以下的罚金，或判处20年以下的徒刑，或二者并处”的规定提出了质疑。霍尔姆斯认为，只有“明显且存在的危险”出现时，才能作为犯罪处理。如果公民的言论和行为没有对国家构成实际的威胁，则不构成犯罪。虽然他的意见未能改变最高法院的态度，甚至还引来了右翼势力的猛烈攻击，但是他的观点受到了民主进步人士和广大民众的欢迎。在霍尔姆斯任职期间，他秉持社会正义的观念，在一系列判决中阐明了公民享有言论、出版自由的权利，并在一定程度上支持保护工人利益的劳工立法，这为言论和出版自由以及其他公民权利在美国的完善起了巨大的推动作用。

这位著名的大法官从1882年出任马萨诸塞州最高法院的法官开始，一直到1932年从美国联邦最高法院退休，在法庭上度过了整整半个世纪的光阴。他除了以其闪耀着民主和自由火花的判决推动了法律的进步以外，在法学研究上也成绩斐然。不过，与大多数法学家不同的是，他首先是一个处于法律实践第一线的法官，而不是纯粹的理论研究者。50年的法官生涯对霍尔姆斯法学思想的形成产生了很大的影响，由于从事的主要是大量的法律实务，因此他注重实用，把法律当做“于社会方便的东西”，强调经验的作用，在美国开创了一个崭新的学派——实用主义法学派。

“法律的生命在于经验，而不在于逻辑”，这是霍尔姆斯的名

◀美国法庭的审判场景，画面中间穿白色衬衫者为律师。

言，也是实用主义法学思想最突出的体现。功利法学派的代表人物边沁认为，只要立法和司法遵循了一定的逻辑和原则，法律就能实现最大多数人的最大利益。作为一名终日与法律实践打交道的法官，霍尔姆斯则有着不同的看法。他反对僵化的法律逻辑，指出法官不能从单纯的法哲学信条即逻辑出发，而要从自己所生活在其中的社会现状，包括政治、经济、道德、心理和历史等诸多因素出发，依据自己的经验来进行裁判。他说："在各个时代被认为是必要的规范，该时代有力的道德理论和政治理论，人们表明的或者是无意识地觉察到的符合社会公共利益的规范，甚至法官与普通民众一起所抱有的偏见等，它们在决定人们关系的各种准则之时，都比演绎推理的作用大得多。法律表现了一个国家许多世纪以来的发展史，我们不能仅仅把它看成是数学书本中的一些公式和定理。"在这里，霍尔姆斯跳出了仅仅对法律进行逻辑分析的框框，认为法的本质是实用的经验。

霍尔姆斯接着提出了"法的预测说"，他指出，"我所说的法，就是法院事实上将要做什么的预测。"按照他的观点，法并不是写在规范性法律文件中的东西，而是法官的倾向和意见，是法官自身意志、偏好和感情的产物。法官并不像人们认为的那样是机械地依据法律条文去发现法律，而是实际的案例和审理中的法律创造者。这种带有实用色彩的思想正符合美国的法律传统，因为美国的法律渊源以判例法为主，是"法官造法"的国家。

▼美国的阿尔卡塔兹监狱曾是最令人胆寒的监狱，犯人们每天要在寂静中被锁14个小时。该监狱于1964年6月停止使用。

霍尔姆斯在司法实践中的贡献和他基于实践而提出的实用主义法学思想对美国的影响十分巨大，以致当时产生了一股"霍尔姆斯崇拜热"。后来，美国联邦最高法院大法官休斯在一篇纪念的文章中说："当世具有最伟大的才能、正当地拥有不断扩大的名声和毫无瑕疵的完整人生的，就是法官霍尔姆斯。"对他的成就予以了充分肯定。

从学习到变革

——日本近代法制的建立

▲明治天皇像

19世纪后半期，日本处于幕府统治之下，天皇只是名义上的国家元首，其权力全为幕府将军所把持。幕府的封建统治极为反动腐朽，在国内，它维护的一整套封建制度严重地阻碍了新兴资本主义经济的发展；对外来说，它在西方列强的威逼利诱之下打开了紧锁200多年的国门，并先后屈辱地与美、英、法、荷、俄等国签订了一系列不平等条约，使西方列强在日本攫取到了片面最惠国待遇、治外法权等特权。在这种形势下，反对幕府统治的倒幕运动在日本各地风起云涌。1867年，明治天皇即位，得到了倒幕派的支持。倒幕派最终战胜了幕府将军，结束了幕府统治，重新建立起了以天皇为中心、以武士和资产阶级为中坚力量的政权。西方列强的蒸蒸日上、不可一世与日本、清朝的饱受侵略和凌辱所形成的鲜明对比，给了明治政府的领导者们以很大的刺激。他们认识到，在当时的世界形势下，只有转而向西方学习，进行变法图强才会有出路。于是，从1868年起，明治政府推行了一系列资产阶级性质的改革，史称“明治维新”。

明治维新主要针对的是政治和经济改革，在法制方面也推行了一些措施，如废除旧的刑罚、引进和翻译外国法律、聘请西方法学

我国不可犹疑，与其坐等邻邦之进步而与之共同复兴东亚，不如脱离其行伍，而与西洋文明国家共进退。

——日本思想家福泽谕吉

专家来日讲学、创办法律研究所和法政学校等，这些初步的改革为日本法律制度的全面西化奠定了基础。

尽管法制的西化是明治政府一开始就确立的方针，但促成日本迅速走上这一道路的直接动因却是西方列强的压力。明治政府掌权以后，把修改与列强签订的不平等条约作为自己的重要任务之一。1872年，明治天皇派出了岩仓代表团，在旧金山向美国当局提出修约，而美国以日本司法不够完善为由予以拒绝。后来，日本与其他列强的谈判也屡遭失败，列强们提出，修改条约必须以日本国内拥有比较完善、能够为列强们所认可的近代化法制为前提条件，这就成为日本法制西化的最直接的推动力量。从19世纪70年代中期起，日本组织了法律起草委员会，在西方法学家的指导下，开始编纂自己的法典。

法典的制定，经历了一个长期的摸索过程。当时，日本国内在应当采用哪个西方国家的法律模式问题上分歧很大，出现了仿英与仿法之争。由于英国的判例法盘根错节，纷繁复杂，移植于日本困难重重，最终仿法派占了上风。在法国法学家保阿索那特的直接指导下，日本以法国法为蓝本，先后制定了刑法、民法和商法等主要法典。但是，法国和日本的社会状况存在很大差异：法国资产阶级革命进行得比较彻底，而日本却保留了浓厚的封建残余；法国资本主义的发展已有相当长的时间，而日本却刚刚才起步。另外，二者的文化传统也相去甚远。而日本效仿法国法时，不加批判，全盘吸收，有些甚至是法国法的原样照搬，因此制定的法典严重脱离日本的国情，公布以后，朝野上下一片反对之声。如日本编纂的民法典以法国法为蓝本，没有考虑日本的习惯，不少人以它依据的天赋人权论将破坏日本社会的人伦为由而提出反对，东京大学教授穗积陈重甚至提出“《民法》出，而忠孝灭”的观点，主张法典延期施行。其他法典也遭到了相同的命运，于是明治政府只得宣布进行修改或延期实施。

效仿法国未成功，日本又把法制建设的眼光和

延伸阅读

大化革新

公元5世纪，大和国统一日本。公元645年，大和国发生宫廷政变，建年号为“大化”。次年颁布革新诏书，仿照中国唐朝的政治经济制度进行了自上而下的全面改革，创建了以唐朝法律为模式的日本封建法律制度，完成了由奴隶制国家向封建制国家的转变，史称“大化革新”。

◀这幅英国的雕版画描绘了1890年12月29日日本天皇主持议会开幕仪式的场景。法律体制的改革带动了经济的发展，日本在近代迅速发展起来，成为与欧美比肩的经济强国。

方向转向了德国。日本政府通过考察和研究发现，德国“有酷似我日本之处，研究德国的政治和风俗，比研究英法之事更能受益”。这表现在：两国都是君主立宪制的二元政治结构；资产阶级革命都不彻底，保留了一些封建经济残余；都是后起的资本主义国家，且均处在向垄断资本主义过渡的历史时期。因此，明治政府认为德国法更适合日本的国情，“可取法者以德国为第一”。于是，以1889年《大日本帝国宪法》的制定为转机，日本法的西化又进入德国化阶段。1889年的《大日本帝国宪法》大量抄袭德国的《普鲁士宪法》，仅有3条为日本所独创。继宪法颁布以后，日本成立了法典调查委员会，主要以德国法典为模式，并兼采法国法的法理，根据日本的实际情况修订了原先制定的民法、商法、刑法等法典，并对前一时期由德国人起草的诉讼法进行重新审议。到1907年，由宪法、民法、商法、刑法、民事诉讼法和刑事诉讼法组成的日本六法全部编制完毕，形成了一个较为完整的法律体系，日本近代法制得以最后确立。

法制的西化，加速了不平等条约的废除，促使日本在政治上走向独立，同时也对日本资本主义经济的发展起了巨大作用，使这个一度贫弱的国家迅速强盛并逐渐走上了对外扩张的道路。此外，由于对德国法的模仿，日本被纳入到大陆法系之中，并成为德国支系在亚洲的重要代表。

异常精确的法律的金线精制品

——经典的《德国民法典》

▲俾斯麦像

在日常生活中，我们有时候会听到“法人代表某某”这样的说法。虽然叫“法人”，但它可不是有血有肉、会呼吸会行走的人，而是法律认可的一种具有法律主体资格的组织，其最大特点就是拥有自己的独立财产，比如政府机关、学校、公司等。因为这些组织和自然人一样，都能够以自己的名义独立进行民事活动并独立承担责任，所以法律将其拟制为人来看待。不过，法人这个概念可不是从古代时起就有的，它最早出现在1896年的《德国民法典》中。《德国民法典》是一部可以与《法国民法典》相媲美的著名法典，它概念科学、用语精确、逻辑清晰、体系严密，被西方法学界誉为“异常精确的法律的金线精制品”。

《德国民法典》是在德国统一以后制定的。19世纪下半期，德意志最强大的邦国普鲁士在其奉行“铁血政策”的宰相俾斯麦的领导下，结束了德意志300多个邦国长期分裂割据的状态，1871年1月18日，德意志帝国宣告成立。在统一以前，各邦均有自己的法律，而民法尤为纷繁杂乱。于是，统一以后，民法典的编纂工作就正式被提上了日程。1874年2月，德国联邦议会成立了一个由11人组成的法典编纂委员会，历经13年完成了民法典的第一部草案，但是遭到了否决。于是联邦议会又另行组织了一个编纂委员

我认为，从未有过如此丰富的一流智慧被投放在一次立法行为当中。

——英国法学家梅特兰

◀在俾斯麦领导下，1871年1月18日，德意志帝国宣告成立。

会，于1895年完成了第二部草案。此草案经联邦议会审查修改后，作为第三个草案提交国会讨论。国会再次作了部分修改后，于1896年7月通过，同年8月经皇帝批准并公布，于1900年正式施行。《德国民法典》从开始起草到正式公布施行，前后共花了20多年时间。正是由于立法者的精益求精，《德国民法典》表现出了高度的成熟性和科学性，在立法技术上甚至超越了《法国民法典》。

《德国民法典》的编纂在继承了罗马法传统和借鉴了《法国民法典》立法经验的同时，又有很大创新。它的结构采用五编制的“潘德克顿体系”，分别是总则、债、物权、亲属和继承，其中独具特色的是总则篇的设立。以前的法典，不管是《国法大全》还是《法国民法典》，虽然也有总则的规定，但并未独立成篇。《德国民法典》将总则篇独立出来，规定了民事主体、法律行为和时效等具有总论性质的问题。这为后来许多国家所效仿，如日本民法典和旧中国（国民党统治时期）的民法典，都规定了总则编并置于法典之首。《德国民法典》的后四编是分则部分，债和物权是有关财产关系的，亲属和继承则涉及人身关系，这种编排很好地体现了民法所具有的调整财产关系和人身关系、并以前者为主的功能，在结构上非常明晰。这是《德国民法典》立法技术高超的一个突出表现。

在内容上，《德国民法典》作为自由资本主义向垄断资本主义过渡时期制定的法典，体现了浓烈的时代气息。马克思曾说：“无论是政治的立法或市民的立法，都只是表明和记载经济关系的要求而已。”《德国民法典》充分验证了这一点，它对法人制度的全面而具体的规定就是最佳的例证。法人制度在罗马法中就已萌芽，但是当时的法人组织还不普遍，法人财产的独立性也比较低，所以并没有“法人”概念。以后的法律，包括《法国民法典》，也都未对法人制度作出明确规定。而到了19世纪末期《德国民法典》制定之时，德国的资本主义经济已经得到了迅速发展，生产和资本实现了高度集中和垄断。实力雄厚的大公司、大企业和垄断组织在国家政治经济生活中发挥了举足轻重的作用，其必然要求得到法律上的确认和保护。《德国民法典》顺应这一形势的需要，不仅使用了法人这一既形象又科学的法律术语，而且还设立专章，详细规定了法人的成立、登记、章程、权利能力和行为能力，以及法人机关、破产和清算等内容。在此之后，法人制度风行全球，为各国法律所确认。

另外，在民法的基本原则和制度方面，《德国民法典》也作了一些适合于垄断资本主义经济发展需要的规定。比如对于民事责任，《德国民法典》除了传统的过错责任原则（行为人有过错，即有故意或过失时才承担民事责任），还采用了无过错责任原则（在某些情况下，行为人即使没有主观过错也要按照法律规定承担责任）。这是由于，随着资本主义从自由竞争过渡到垄断阶段，大工业化生产在社会生产中占据了主导地位，与之相伴相生的就是工伤事故和其他意外事故的大量出现。这时如果再拘泥于过错责任原则，显然不利于受害者权利的保护。因此《德国民法典》规定了无过错责任原则，加重了企业和政府部门的责任，使大机器生产和其他意外事故的受害者能够获得赔偿，从而有利于缓和社会矛盾。

由于在制定法典过程中，资产阶级向德国的封建贵族作了一定程度的妥协，因而《德国民法典》也保留了一些封建残余，如规定了贵族的土地所有权以及基于土地私有而产生的其他权利等。但是，从本质上来说，《德国民法典》是一部资产阶级的民法典，它的颁布和施行对德国资本主义经济的发展起了重大的推动作用。

延伸阅读

两种不同的民法典编纂方法

在民法典的编纂上，历来有两种不同的编纂方法，即1804年法国民法典的三编制和1896年德国民法典的五编制——“潘德克顿体系”。

法国民法典的三编制，即第一编人法，第二编财产及对于所有权的各种限制，第三编取得财产的各种方法。这一体例来源于《国法大全》中的《法学阶梯》。

德国民法典由总则、债、物权、亲属、继承五编构成，采用了《国法大全》中《学说汇纂》的编纂体例，即“潘德克顿体系”。潘德克顿（Pandekten）一词，来源于拉丁文的Pandecta，指的正是《学说汇纂》。

“日不落帝国”留下的历史遗产

——普通法系的形成

普通法系的形成，是英国对外殖民扩张的结果。英国从17世纪开始推行殖民政策，到1914年第一次世界大战爆发前，英国的殖民地面积已达3355万平方公里，遍布世界各大洲，因而获得了“日不落帝国”的称号。英国在占领的殖民地上推行了英国法，虽然它在一定程度上也允许殖民地制定一些自己的法律，但同时又规定殖民地立法不得与英国法相抵触，并且英国保留对殖民地案件的最终审判权。这样，经过几个世纪的殖民统治，英国法已经深深融入殖民地社会，成为广大英属殖民地占统治地位的法律规范，因而就逐渐形成了在法律上具有共同传统的一个庞大法系——普通法系。第二次世界大战以后，殖民地纷纷宣告独立，日不落帝国土崩瓦解，但它的历史遗产却还存在，这些新独立的国家依然保留着殖民地时期的法律传统。而且，独立后的殖民地为了政治和经济上的互相援助和支持，大多加入了英联邦。英联邦国家承认英国女王是本国的最高元首，这使得普通法系非但没有解体，反而通过英联邦这条纽带得到了进一步加强。

判例主义是我们判例法制度的基础，通过一个又一个判例的延续，它得到了发展。通过坚持以前的判例，使普通法系保持在正确的轨道上。

——英国丹宁勋爵

在普通法系的形成过程中，殖民地由于各自的社会历史文化背景的差异，接受英国法的途径和后果也不一致，大体可以分为三种类型：

一、在英国殖民者到来之前尚未开化、没有国家和法律的，如美国、澳大利亚和新西兰等前英属殖民地。这些地区对英国法的接受较为顺利，也较为全面。值得一提的是，由于美国较早获得独立，后来又发展成为最强大的资本主义国家，所以它的法律制度虽然以英国法为基础而建立，但却走上了一条相对独立的发展道路，这样在普通法系中就产生了英国法和美国法两个支系，因此普通法系也被称为英美法系。

二、殖民地原有社会发展水平比较落后，但已存在着粗浅的法律制度的，亚洲和非洲的许多前英属殖民地即是这种情况。英国殖民者对这些地区一般采取间接管理的方法，既强行推行英国法，又在一定程度上允许原有法律的适用。

三、殖民地原有社会发展水平较高，已经存在较为发达的法律制度的，最典型的就是印度。对于这些国家和地区，英国殖民者没有从一开始就强行推行英国法，而是表示尊重其原有的法律传统，通过逐渐引入英国的法律原则和制度，对原有法律传统进行改良。这导致了这些国家的法律往往带有混合的色彩，如印度法就是英国法和印度传统法的结合。

属于普通法系的国家既然都以英国法为基础，具有共同的历史传统，因而它们的法律制度也具有一些相同的基本特点：

一、以判例法为主要法律渊源。受英国的影响，普通法系国家的法律渊源也以普通法、衡平法这两种通过判例来确定法律规则的判例法为主。虽然也有制定法，但大都是对判例法的补充或整理，往往缺乏系统性。其制定的一些法典也不像大陆法系的法典那样高度概括、严密而富有逻辑，而是比较具体细致，内容也较为狭窄，

▶这是一幅作于1888年的水彩画，印度民政公务署的地区行政官在主持法庭审判。英国人将印度变为殖民地，也将自己的法律传统带到了印度。图中表现的庭审场面与英国本土的十分相似。

知识点击

法系和法律体系

法系是根据法的历史传统所做的分类，凡属于同一历史传统的法就构成一个法系，因此法系是某些国家和地区的法的总称。当代世界的主要法系有大陆法系、普通法系、社会主义法系、伊斯兰法系等。法律体系与法系不同，它也叫部门法体系，是指一国的全部现行法律规范，按照一定的标准和原则，划分为不同的法律部门而形成的整体。它反映的是一国法律的现实状况，是一国现行国内法的总和。如当代中国的法律体系即是由宪法、行政法、民法、商法、刑法、经济法、劳动和社会保障法、自然资源和环境保护法、诉讼法（包括民事、刑事、行政三大诉讼法）等部门法构成的。

没有涵盖整个法律部门。

二、法官对法律的发展起着举足轻重的作用，在社会中享有崇高的威望和地位。普通法系以判例法为主要法律渊源，而判例是法官作出的对以后案件具有拘束力的判决，判例法正是法官在长期的审判实践中逐渐创造的，因此普通法系素有“法官造法”一说。普通法系国家的法官地位极高，美国法学家梅利曼曾做过如下描述：“生活在普通法系国家中的人们，对于法官是熟悉的。在我们看来，法官是有修养的伟人，甚至具有父亲般的慈严。”而在大陆法系国家就情况迥异了，一切都由制定法事先规定好，法官只是法律的忠实执行者而已。

三、以日耳曼法为历史渊源。普通法系的核心——英国法，是在较为纯粹的日耳曼法——盎格鲁·撒克逊习惯法的基础上发展起来的，日耳曼法的一些原则和制度对普通法的影响非常大，这与大陆法系以罗马法为历史渊源形成了鲜明对照。

四、法律思维方式上，注重对案件的类比推理。由于以强调“类似案件、类似判决”的判例法为主要法律渊源，普通法系的法官和律师首先必须要对大量存在的判例和有待处理的案件进行比较和研究，找出和本案最类似、从而也是最适合的判例和法律原则运用到具体案件中去。这一特点深刻影响了普通法系国家的法学教育方式，英美国家法学院主要运用案例教学法进行授课，对法律实务关注较多，具有编纂成文法典传统的大陆法系国家则更注重法学理论。

在当代世界，随着国家之间交往的日益频繁，法系之间出现了相互融合的趋势，普通法系也吸收了大陆法系的一些特点，如越来越多地采用制定法等。但是，历史形成的不同传统还将长期存在，法系之间的差别不会完全消亡。

附录一：西方主要法学流派

法学流派名称	代表性观点	主要代表人物	主要代表作
注释法学派	把罗马法作为理性的规范来研究，主要是采用文义解释的方法，对罗马法加以注释。	阿佐（意大利）	《法典汇编》、《习惯法汇编》
		阿库修斯（意大利）	《通用注释》
评论法学派	注重联系实际生活来解释罗马法，强调罗马法和教会法、日耳曼习惯法和中世纪城市法的结合，目的在于应用罗马法。除注释方法外，还着重论述。	巴尔多鲁（意大利）	《〈学说汇纂〉评述》、《罗马前期法典九卷评注》、《罗马后期法典三卷标准评注》
		巴尔杜斯（意大利）	《〈学说汇纂〉第一部评注》
古典自然法学派	1. 除国家制定的实在法之外，还有一种凌驾于实在法之上的超法律的自然法。自然法以人类理性为基础，是一切人的共同规范，凡是有理性的人类都要受自然法支配。 2. 人们享有普遍的自然权利，人权是天赋的，人人生而自由平等。 3. 人们可以自由地缔结契约，私有财产神圣不可侵犯。	格劳秀斯（荷兰）	《战争与和平法》、《论海洋自由》、《捕获法》
		斯宾诺莎（荷兰）	《伦理学》、《神学政治论》、《政治论》
		普芬道夫（德国）	《法学要论》、《自然法与国际法》
		霍布斯（英国）	《利维坦》、《论政体》
		洛克（英国）	《政府论》
		孟德斯鸠（法国）	《论法的精神》、《波斯人信札》、《罗马盛衰原因论》
		卢梭（法国）	《论人类不平等的起源和基础》、《社会契约论》

哲理法学派	用哲学的方法和观点来阐述法律理论，构建法律制度、法律学说和法律概念。	康德（德国）	《法的形而上学原理》
		黑格尔（德国）	《法哲学原理》
功利法学派	"趋乐避苦"是人的本能，它支配着人类的一切行为，因此法律也要以功利主义为基础，立法的根本目的在于增进最大多数人的最大幸福。	边沁（英国）	《道德与立法原理》、《政府片论》、《刑法与补偿理论》
		詹姆斯·密尔（英国）	《政府论》、《法学篇》、《国际法篇》
历史法学派	1. 法是民族精神的体现，只有民族精神才是法的真正创造者。 2. 法的形成和发展是自发的、历史的、缓慢的，不能通过立法行为一蹴而就。 3. 习惯法是最能体现民族意识、最具有生命力，而且又是活生生地存在于人民之中的法。习惯法优于成文的法典，是最好的法律形式。	胡果（德国）	《作为实定法哲学的自然法》、《市民法教科书》、《查士丁尼罗马法教科书》
		萨维尼（德国）	《占有权论》、《论立法及法学的现代使命》、《中世纪罗马法史》、《现代罗马法的体系》
		普赫塔（德国）	《习惯法》、《潘德克顿教科书》、《教会法入门》、《法理学教程》
		祁克（德国）	《德意志团体法论》（全4卷）、《德意志私法论》（全3卷）
		温德海得（德国）	《关于前提的罗马法理论》、《条件成就的效力》、《潘德克顿教科书》
		梅因（英国）	《古代法》、《古代法制史》、《古代法律与习惯》

分析法学派	1. 法律是主权者的命令，不管善恶与否，只要通过适当方式制定和颁布，就都具备法的性质和作用，恶法也是法。 2. 法理学研究的对象只限于实在法，只需对实在法进行分析研究，法的价值判断是伦理学的任务。	奥斯丁（英国）	《法理学范围之确立》、《法理学讲义》
		霍兰德（英国）	《法理学的要素》
		格雷（美国）	《法律的性质与渊源》
目的法学派	1. 法的来源是实用的目的，目的是法的创造者。法不是历史因素自发的产物，而是人们有意识地为达到一定目的而制定的，这个目的就是社会利益。 2. 倡导为权利而斗争，认为其是为了达到保障社会利益的目的所采取的手段。	耶林（德国）	《法律的目的》、《为权利而斗争》、《法理学的诙谐和严肃》
实用主义法学派	1. 把法律理解为“于社会方便的东西”。 2. 把法律视为经验的总结和体现，强调法官不能仅从逻辑出发，而要从社会现状出发来进行裁判。提出法律预测的观点，认为法律是对法院事实上将做什么决定的预测。	霍尔姆斯（美国）	《普通法》、《法律的道路》
		布兰代斯（美国）	《他人之钱》、《巨大的咒》
社会学法学派	1. 人类文明包括对自然界的控制和对社会的控制，法律是社会控制的主要手段。 2. 法律包括法律秩序、权威性资料、司法和行政过程三个部分，作为社会控制的手段，其任务在于满足人们的各种要求和愿望。 3. 要使法律真正成为社会控制的工具，必须推翻禁锢法学发展的旧观念和方法，采用注重研究法律实际社会效果的社会学法学方法。	庞德（美国）	《法理学》、《法律哲学导论》、《法律与道德》、《通过法律的社会控制》
		卡多佐（美国）	《司法过程的性质》、《法律的成长》、《法律科学的悖论》

社会连带主义法学派	1. 人类有分工合作的天性，社会连带关系是人类的天赋，只有在这种分工合作的社会连带关系中，才能满足人们的需要。 2. 连带关系是国家和法存在的基础，因而国家机器是为整个社会利益服务的公正机构。 3. 国际法只能建立在国与国之间连带关系的基础上，而不能建立在国家主权的基础上。	狄骥（法国）	《国家、客观法和实在法》、《社会权利、个人权利和国家的变迁》、《公法的变迁》、《法律和国家》、《宪法论》
		杜尔干（法国）	《自杀论》
自由法学派	倡导"自由法运动"，主张法官必须根据正义原则，并使用审判过程中积聚的事实做出判决，他们不应受立法的约束，而是应该自由地创造法律。	惹尼（法国）	《私法实在法的解释方法和渊源》、《私法实在法的科学与技术》
		埃利希（奥地利）	《法律的自由发现和自由法学》、《法律社会学基本原理》、《法学逻辑》
		坎托罗维奇（德国）	《法学与社会学》、《国家的理论》、《法学》、《法的定义》
利益法学派	法律的目的在于谋求利益，因此法官应当注意各种利益，创造法律来平衡不同利益之间的冲突。	赫克（德国）	《法律解释与利益法学》、《概念学与利益法学》、《法哲学与利益法学》
		埃尔茨巴赫（德国）	《帝国法院的智慧》
心理法学派	1. 法律是人的一种精神活动，其本质是人类心理体验的结果。 2. 法律和道德都是人的精神活动，但二者不同。道德是单方面的，仅涉及义务；而法律是双方面的，涉及权利和义务。	塔尔德（法国）	《模仿规律》、《社会规律》
		沃德（美国）	《文明的心理因素》、《理论社会学》、《应用社会学》
		冯特（德国）	《生理、心理学原理》、《法律哲学概要》

		彼得拉日茨基(波兰)	《法哲学论文集》、《法律和道德研究导论》、《与道德学说相联系的法律和国家的学说》
现实主义法学派	1. 否认传统法学，主张采取现实主义立场，认为法律不过是现在存在的各种事物的符号。 2. 反对法的确定性，认为法是不确定的东西。 3. 法律规范只是立法者的法律见解，不能约束法官，法官可以采纳，也可以不采纳。真正的法律存在于法官的行为之中。	弗兰克(美国)	《法和现代精神》、《初审法院：美国司法的神话和现实》
		卢埃林(美国)	《现实主义法理学——下一步》、《法学——现实主义的理论与实际》、《普通法传统》
纯粹法学派	1. 法律是一种纯粹的独立存在的社会现象，是不与其他社会现象相联系的，其效力与现实无关。 2. 法律是一种抽象的逻辑体系，由层层相属的法律规范所组成。 3. 国家和法律是同一的，国家就是一种法律现象。	凯尔森(美国)	《纯粹法学》、《法与国家的一般理论》、《国家学概论》
新自然法学派	认为来源于人类理性的自然法是最高的主宰，但强调自然法的可变性。提出自然法是从人类本性中推演出来的，如果是不变的话就和不断运动着的生活相违背。	富勒(美国)	《法理学》、《法律在探讨自己》、《法的道德性》
		德沃金(美国)	《认真对待权利》
		罗尔斯(美国)	《正义论》
新分析法学派	1.法学要从形式上分析法律，法律不是一种命令而是一种规则，可以分为主要规则和次要规则。主要规则设定义务，次要规则授予权力和权利。 2.法律与道德有联系，但无必然联系。法律制度只有结合法律的社会目的和社会政策来研究，才能达到分析的目的。	哈特(英国)	《法的概念》、《法、自由和道德》、《刑法的道德性》
		麦考密克(英国)	《法律推理与法律学说》、《法律权利与社会民主》

附录二：中国法学发展大事年表

时间	重大法学事件
约公元前 21 世纪	中国法产生
公元前 11 世纪	周公制礼
公元前 536 年	子产铸刑书
公元前 513 年	赵鞅、荀寅铸刑鼎
公元前 501 年	邓析著竹刑
约公元前 407 年	李悝著成《法经》一书
公元前 359～前 350 年	商鞅变法，制定秦律
公元前 3 世纪～前 2 世纪	制定汉律六十篇（《九章律》、《傍章律》、《越宫律》、《朝律》）
公元前 167 年～前 144 年	文景刑制改革，废除墨、劓、刖等肉刑
公元前 2 世纪～约公元 5 世纪	春秋决狱兴起和流行
229 年	曹魏《新律》颁布，八议入律
268 年	西晋《泰始律》颁布，“准五服以制罪”确立
564 年	《北齐律》颁布，首创“名例”篇目，规定“重罪十条”
6 世纪中叶	宫刑在法律上正式废除
557 年	《陈律》颁布，正式规定官当
583 年	隋《开皇律》颁布，确立“十恶”和封建制五刑
637 年	唐《贞观律》颁布
654 年	《唐律疏议》颁布
738 年	中国现存的最古老的行政法典《唐六典》颁布

963年	中国第一部刊印的法典《宋刑统》颁布
1069年～1085 年	王安石变法
1387年	明《大诰》颁布
1397年	《大明律》颁布
1740年	《大清律例》颁布
1843年	《中英五口通商章程及税则》和《虎门条约》签订，确立外国在华领事裁判权
1864年	在租界内由外国领事参与会审的特殊审判机关——会审公廨设立
1908年	《钦定宪法大纲》颁布
1910年	《法院编制法》颁布
1911年	《大清新刑律》颁布
1911年	《宪法重大信条十九条》颁布
1911年	《中华民国临时政府组织大纲》颁布
1912年	《中华民国临时约法》颁布
1914年	《中华民国约法》（袁记约法）颁布
1923年	《中华民国宪法》（贿选宪法）颁布
1947年	《中华民国宪法》（蒋记宪法）颁布
1954年	新中国第一部宪法（五四宪法）颁布

附录三：外国法学发展大事年表

时间	重大法学事件
约公元前 2096 年	《乌尔纳姆法典》颁布（两河流域）
约公元前 1750 年	《汉谟拉比法典》颁布（巴比伦）
约公元前 11 世纪	种姓制初步形成（印度）
约公元前 7 世纪	婆罗门教法形成（印度）
公元前 594 年	梭伦改革（希腊）
公元前 6 世纪	市民法形成（罗马）
公元前 6 世纪后半叶	佛教法形成（印度）
公元前 451 年	《十二铜表法》颁布（罗马）
公元前 445 年	《卡努列优斯法》颁布（罗马）
公元前 367 年	《李锡尼—绥克图斯法》颁布（罗马）
公元前 326 年	《波提利阿法》颁布（罗马）
公元前 287 年	《霍滕西阿法》颁布（罗马）
公元前 242 年	最高外事裁判官设置（罗马）
公元前 3 世纪	万民法兴起（罗马）
公元前 3 世纪～前 1 世纪	《旧约全书》成书（希伯来）
公元前 2 世纪～公元 2 世纪	《摩奴法典》编成(印度)
约公元前 1 世纪	法人制度初步形成(罗马)
313 年	《米兰敕令》颁布（罗马）
438 年	《狄奥多西法典》颁布（罗马）
529 年	《查士丁尼法典》颁布（东罗马）

533年	《查士丁尼法学总论》颁布（东罗马）
533年	《查士丁尼学说汇纂》颁布（东罗马）
565年	《查士丁尼新律》颁布（东罗马）
644年～645年	《古兰经》定本（阿拉伯）
645年	大化革新开始（日本）
7世纪上半叶	伊斯兰法形成(阿拉伯)
约7世纪	印度教形成(印度)
约8世纪	伊斯兰法系形成(阿拉伯)
8世纪	“圣训”开始编纂(阿拉伯)
约11世纪	《阿马尔菲法典》颁布(意大利)
1164年	大陪审团设立(英国)
12世纪	注释法学派形成(意大利)
12世纪	罗马法复兴运动兴起(欧洲)
12世纪	普通法形成(英国)
12世纪	令状制度形成(英国)
1215年	《自由大宪章》颁布(英国)
1220年	宗教裁判所开始设立（基督教）
13世纪中期	评论法学派形成(意大利)
1352年	小陪审团设立(英国)
14世纪	衡平法形成(英国)
1582年	《教会法大全》问世（基督教）
1624年	《垄断法规》颁布，现代专利法产生（英国）

1625年	《战争与和平法》成书（荷兰）
1628年	《权利请愿书》颁布（英国）
1648年	《威斯特伐利亚和约》签订，近代国际法形成
1651年	《利维坦》出版（英国）
1673年	《商法典》编纂（法国）
1679年	《人身保护法》颁布（英国）
1681年	《海商法典》颁布（法国）
1689年	《权利法案》颁布（英国）
1690年	《政府论》出版（英国）
17世纪	古典自然法学派产生
1701年	《王位继承法》颁布（英国）
1710年	第一个版权法《安娜法令》颁布（英国）
1748年	《论法的精神》出版（法国）
1762年	《社会契约论》出版（法国）
1764年	《论犯罪与刑罚》出版（意大利）
1776年	《独立宣言》颁布（美国）
1787年	联邦宪法通过（美国）
1789年	《人权宣言》颁布（法国）
1789年	联邦最高法院成立（美国）
1799年	《拿破仑宪法》颁布（法国）
18世纪下半叶～19世纪上半叶	哲理法学派形成
18世纪末19世纪初	功利法学派形成

1803 年	马伯里诉麦迪逊案审结，违宪审查制确立（美国）
1803 年	最早的商标法《关于工厂、制造厂和作坊的法律》颁布（法国）
1804 年	《法国民法典》颁布（法国）
1861 年	《古代法》出版（英国）
1868 年	明治维新发生（日本）
1871 年	《德意志帝国宪法》通过（德国）
1881 年	《普通法》出版（美国）
1889 年	《大日本帝国宪法》颁布（日本）
1890 年	《谢尔曼反托拉斯法》颁布（美国）
19 世纪	历史法学派、分析法学派形成
1900 年	《德国民法典》施行（德国）
1911 年	《议会法》通过（英国）
1918 年	第一部社会主义类型的宪法《俄罗斯苏维埃联邦社会主义共和国宪法》通过（俄国）
19 世纪末 20 世纪初	实用主义法学派、社会连带主义法学派、自由法学派、利益法学派、心理法学派形成
20 世纪 30 年代	现实主义法学派形成
20 世纪上半叶	纯粹法学派形成
1946 年	《日本国宪法》颁布（日本）
1952 年	欧洲法院建立（欧盟）
1966 年	米兰达诉亚利桑那州案审结（美国）

图说法学